नेटवर्क मार्केटिंग

(दोस्ती और व्यापार)

ए. एस. फ़ैज़

डायमंड बुक्स

ISBN : 978-81-288-2490-6

प्रकाशक	**:**	**डायमंड पॉकेट बुक्स (प्रा.) लि.** X-30, ओखला इंडस्ट्रियल एरिया, फेज-II नई दिल्ली-110020
फोन	:	011-41611861, 40712100
फैक्स	:	011-41611866
ई-मेल	:	sales@dpb.in
वेबसाइट	:	www.dpb.in
संस्करण	:	2010
मुद्रक	:	आदर्श प्रिंटर्स, शाहदरा, दिल्ली - 32

NETWORK MARKETING
by : A. S. Faiz

कई सालों की कोशिशों के बाद
आप तक पहुँचाई जा रही है

"Better are those ones from
whose nature,
others get Benefit"

''अच्छा इन्सान वो है,
जिसके स्वभाव से दूसरों को फ़ायदा पहुँचे।''

–ए. एस. फैज़

भूमिका

प्रिय पाठकों

हिन्द के 100 करोड़ से ज़्यादा वासी- हिन्दू, मुस्लिम, सिख, इसाई हम सब एक माला में जड़कर एक खूबसूरत आकार बन जायें जिसकी मिसाल सारे जग में न हो।

एक माला में जड़ने का अनोखा उपाय- 'नेटवर्किंग'

क्या आप नेटवर्क मार्किटिंग (Network Marketing) के बारे में जानते हैं? ये क्या करती है?

हिन्दुस्तान में पहली बार लिखी गई पुस्तक जो आपको नेटवर्क मार्किटिंग और परम्परागत मार्किटिंग के अलावा इन्सानी फितरत का भी ज्ञान प्रदान करती है।

आज हमारे हिन्दुस्तान में लगभग 40 प्रतिशत लोगों ने नेटवर्क मार्किटिंग के बारे में सुन रखा है, पर वे नेटवर्क मार्किटिंग डायरेक्ट सेलिंग से वाक़िफ (परिचित) नहीं हैं। नेटवर्क मार्किटिंग से लगभग 8 प्रतिशत लोग जुड़े हैं। हैरानी की बात है कि 52 प्रतिशत लोग नेटवर्क मार्किटिंग के विरुद्ध हैं। नेटवर्क मार्किटिंग के बारे में वे कुछ भी सुनना पसन्द नहीं करते। अगर कोई नेटवर्कर, नेटवर्क मार्किटिंग के बारे में कुछ कहना चाहे, तो वे पहले से ही उसे रोक देते हैं; कुछ इस तरह से:-

"अगर कोई स्कीम या मेम्बर बनाने वाली बात हो तो कृपया हमसे न करना। हमने ऐसी स्कीमें बहुत देखी हैं।"

आज एक शक्तिशाली मार्किटिंग का इस तरह से मज़ाक उड़ाया जा रहा है! क्यों? क्या वजह है? क्या कमी है इस मार्किटिंग की प्रक्रिया में या मार्किटिंग के सहयोगियों में या इस मार्किटिंग की शिक्षा और प्रशिक्षण में?

इसके बारे में कुछ हद तक आप इस पुस्तक से जानकारी ले सकते हैं जो कई सालों की कोशिशों के बाद आप तक पहुँचाई जा रही है। आप इस

पुस्तक से नेटवर्क मार्किटिंग के बारे में ही नहीं, परम्परागत मार्किटिंग (Traditional Market) के बारे में भी कुछ जानकारी, कुछ सच्चाई प्राप्त कर सकते हैं।

दोस्तों, इस पुस्तक के अन्दर कोई झूठी कहानी नहीं है- एक अरसे से किए गए अनुभव का परिणाम है। ये आप ही पर बीता हुआ समय है जो 'दोस्ती और व्यापार' के रूप में आपके सामने है।

'दोस्ती और व्यापार' सिर्फ़ आपके लिए ही लाभदायक नहीं, आपकी आने वाली पीढ़ी के लिए भी अति लाभदायक सिद्ध होगी।

इसे दिल, दिमाग़ और लगन के साथ पढ़ने की ज़रूरत है, न जाने कौऩ-सा पाठ आपको छू जाये और आप कामयाब हो जायें।

Best of Luck!

– ए. एस. फैज़

अनुक्रमणिका

लेखक का लेखन कैसा हो

"अच्छा इन्सान वो है, जिसके स्वभाव से दूसरों को फ़ायदा पहुँचे"

- इसी दर्जे में पंडित, मौलवी, पादरी, ग्रन्थी, टीचर और लेखक भी आते हैं।

एक लेखक को क़लम उठाने से पहले सात बार सोचना चाहिए-

1. मैं सच लिख रहा हूँ या झूठ?
2. क्या मैं अपनी मन की वही बात लिख रहा हूँ जो मेरे जैसे लाखों करोड़ों लोग सोचते हैं?
3. मैं जो लिख रहा हूँ, वो किसी अच्छे इन्सान को बुरा तो नहीं लगेगा?
4. क्या मैं अमीरी-गरीबी में फ़र्क इस तरह दर्शा रहा हूँ कि अमीर-गरीब में दुश्मनी पैदा हो जाए?
5. क्या मैं सबसे ज़्यादा पढ़ा-लिखा हूँ, बाकी सब अनपढ़ हैं?
6. मेरे लिखने से जाति, भेद-भाव तो पैदा नहीं होगा?
7. क्या मैं जो लिख रहा हूँ वह 100 प्रतिशत ठीक है। मेरे लिखने से लोग आगे बढ़ पायेंगे, कुछ कर पायेंगे, अपने सपनों को साकार कर पायेंगे, बुराई को खत्म कर पायेंगे, अन्धेरे से डरने वाले अन्धेरे को दूर कर पायेंगे- और भी कई चीज़ें देख लें।

इसके बाद जब वह रब का नाम लेकर लिखना शुरू करेगा- तब जाकर छू पाएगा उसका लेखन लोगों के दिलों को।

"अच्छा लेखक वही है- जो हर अच्छे दिल में बस जाये।"

लेखक से एक लेखक याद आया। अभी कुछ ही दिनों पहले एक लेखक की किताब पढ़ी, जिसमें लेखक ने अपने आपको मैनेजमेन्ट विशेषज्ञ दर्शाया था।

उसमें लिखा है-

"अगर सरकारी दफ़्तरों में चाय की मशीन लगा दी जाए या कर्मचारियों को चाय के लिए बाहर जाने की मनाही हो जाये तो हर कर्मचारी की कार्य क्षमता में 45 मिनट की वृद्धि होगी।"

कुछ देशों में इन्सान को मशीन समझा गया है, जो हर काम को बग़ैर किसी विरोध के करता रहे। पर हिन्दुस्तान में आज भी लोग, पहले दिल से फिर दिमाग़ से सोचते हैं। शायद इसीलिए हिन्दुस्तान आज भी महात्माओं, महाऋषियों, पीर-पैगम्बरों में- पूरी दुनिया में सबसे आगे हैं। वो अलग बात है कि कुछ शैतानों ने हिन्दुस्तान का नाम ख़राब करने की कोशिश की है।

लेखक का लिखना- यूँ समझो जैसे तीर न जाने कब और कहाँ किसको लग जाये।

ऐसा ही हुआ- एक प्रा० लि० कम्पनी को इस लेखक की बात समझ में आ गई और कर्मचारियों के लिए एक वक़्त के टी टाइम को हटा दिया लंच टाइम भी एक घंटे की जगह सिर्फ़ 30 मिनट रखा गया और शाम चार बजे सिर्फ़ 15 मिनट के लिए कम्पनी के अन्दर ही चाय पीने का आदेश दिया। इस तरह से 11 बजे का टी टाइम 15 मिनट बचा और लंच का 30 मिनट बचा- 45 मिनट बचा लिया।

बॉस, मैनेजर से बहुत खुश हुआ और बोला- "चलो, अच्छा किया, वरना हर रोज़ अतिरिक्त राशि देकर एक घन्टा ओवर-टाइम लगवाना पड़ता।"

पर हिसाब के मुताबिक पूरे महीने में काम उतना ही हुआ जितना पहले होता था। दूसरे महीने में काम और कम हुआ, तीसरे महीने में और कम। तब जाकर बॉस ने तफ़्तीश की तो एक वर्कर ने बताया कि लंच के बाद- 30 से 40 मिनट पूरे शरीर को सुस्ती घेर लेती है, उसके बाद काम होता है। पहले जो एक घन्टा मिलता था- 30 मिनट में खाना और 30 मिनट रैस्ट, जो सुस्ती का समय होता था- वो गुज़र जाता था और 10 मिनट के अंदर पूरा शरीर काम में व्यस्त हो जाता था- पर अब ऐसा नहीं होता है। सुबह 11 बजे भी सुस्ती का होता है इसलिए 15 मिनट चाय के लिए मिलता था; वो चाय के बहाने गुज़र जाता था। क्योंकि आदत नहीं है, इसलिए कुछ वर्कर बीमार भी पड़ गये हैं। धीरे-धीरे आदत पड़ जाएगी।

बॉस ने एक दिन अपनी कम्पनी की एक लेडी कंप्यूटर ऑपरेटर को हर 20 मिनट बाद चश्मा उतारकर अपने दोनों हाथों की हथेलियों से आँखों को मलते हुए देखा। बॉस उस दिन उसी को वॉच कर रहा था।

बॉस उसी लड़की के बारे में सोचे जा रहा था। बॉस ने दूसरे दिन उसको फिर वैसे ही करते देखा। बॉस ने उसे बुलाया और कारण पूछा। लेडी वर्कर ने मुस्कुराते हुए जवाब दिया- ''सर, जिस तरह से हमें कंप्यूटर को ऑपरेट करते समय रिफ्रेश करते रहना चाहिए; ठीक उसी तरह आँखों को भी रिफ्रेश करने के लिए ऐसा करना चाहिए ताकि आँखें आगे भी तेज़ी से काम करती रहें।''

बॉस को ये बात साइन्टिफिक लगी और फिर बॉस अपने शरीर की कार्य क्षमता व बॉडी की रिक्वाएर्मेन्ट पर ध्यान देने लगा। उसने देखा- 'मैं हर दो घन्टे में अपनी कुर्सी पर बैठे-बैठे ऊब जाता हूँ और बाहर टहल कर फिर वापस आ जाता हूँ- फिर अपने काम में व्यस्त हो जाता हूँ।'

वो समझ गया कि एक ही काम को करते-करते वर्कर दो घन्टे में ऊबने लगते हैं इसलिए ये रिफ्रेशिन्ग टाइम रखा गया है। बॉस ने सारे कार्यकर्ताओं को अपने मैनेजर द्वारा सूचना दे दी कि जो टाइम-टेबल पहले था, आज से वैसा ही रहेगा- 11 बजे- 15 मिनट का टी. टाइम, 1 बजे लंच एक घन्टे के लिए और फिर 4 बजे- 15 मिनट के लिए टी. टाइम। फिर क्या था- सारे वर्कर खिल उठे, जैसे मानो बसन्त का मौसम आ गया हो।

फिर वैसा ही काम होने लगा, जैसा कि पहले होता था।

आज का दौर बड़ा ही संगदिल है-

आज इन्सान अपनी ख़्वाहिशों व अपने मतलब के लिए ही दोस्ती, प्यार-मोहब्बत, सलाम, नमस्कार, आदाब, सत श्री अकाल करते हैं। इस संगदिल ज़माने में अच्छा दोस्त, सच्चा प्यार, अच्छी वस्तु, अच्छा माहौल, अच्छा इन्सान, अच्छी कम्पनी, अच्छी नौकरी, अच्छा बॉस, अच्छा और सुरक्षित खान-पान; यहाँ तक कि अच्छा लाइफ पार्टनर भी नहीं मिलता- और जिसको मिल जाये अच्छाई, मानो जीते जी उसे स्वर्ग मिल गया।

यूँ तो सभी लोग अच्छे हैं, सारी वस्तुएँ अच्छी हैं- पर हमारा नज़रिया अच्छा नहीं रहा। बस जहाँ देखो अपना ही फ़ायदा, दूसरों का क्या- वो खुद सोचें अपने बारे में- 'मैं क्यों सोचूँ।' हर स्टेज पर मतलबी (Selfish) लोगों की भरमार है चाहे व्यापार में हो या फिर डॉक्टर या वकील या फिर जज या सरकारी महकमा या फिर नेता या फिर लेखक।

हर स्टेज पर मतलबी लोग बैठे हैं- बिजनेसमैन को अपना फ़ायदा, जनरल मैनेजर को अपना, असिस्टेन्ट मैनेजर को अपना, स्टाफ़ वालों को अपना फ़ायदा- पर वर्कर की कौन सोचे! वो तो बस मशीन है-

''मशीन सही है तो काम, नहीं है तो घर बैठो, यहाँ नहीं दाम।''

अगर प्रोडक्ट बनाने वाली मशीन ख़राब हो जाये, तो आनन-फानन ठीक करने के लिए बॉस से लेकर सारा स्टाफ लग जाता है। अगर उसी मशीन को चलाने वाला वर्कर बीमार पड़ जाये तो जूँ तक नहीं रेंगती- हाँ, ये ज़रूर है कि उस दिन की दिहाड़ी काट ली जाती है और चेतावनी दे दी जाती है कि 'आगे बगैर बताये बीमार पड़ा तो, कम्पनी से निकाल दिया जाएगा।'

आजकल के लेखक भी वर्कर के हित में कम, बॉस के हित में ज़्यादा लिखते हैं। कार्यकर्ताओं के 45 मिनट को चुराना या यूँ मानो उनकी आज़ादी को ज़न्जीरों में जकड़ कर- ये 45 मिनट बॉस को गिफ़्ट करना, वे अपना कमाल समझते हैं- ताकि बॉस 'मेरी' किताब पढ़कर अपनी कम्पनी को सही ढंग से मैनेज कर सके। मुझे ऐसे लेखक 'लेखक कम, अंग्रेज़ों के जमाने के सिपाही ज़्यादा लगते हैं।'

लेखक वो होता हैं, जो हर दिल में बसकर, उसके दर्द का एहसास कर सके- चाहे वो इन्सान हो या जानवर या पक्षी, पेड़ हो या पौधा, आसमान हो या ज़मीन, दवा हो या पानी- हर दिल की आवाज़ जो बने, वही लेखक होता है। पर आज सब लेखक हैं- चाहे वो नेता हो या अभिनेता। जिसे देखो वही जावेद अख़्तर, कमाल अमरोही है। जिसे देखो वही मुन्शी प्रेमचन्द, ख़य्याम, शकील बदायुनी तो रविन्द्र जैन, नक्शलायलपुरी है; जिसे देखो वही नौशाद, लक्ष्मीकान्त प्यारे लाल है। यही कारण है कि आज लोगों की दिलचस्पी ख़त्म होती जा रही है क्योंकि मक़सद बदल गया है। लोगों को भाये न भाये, मुझे तो प्यारा है- पैसा तो मिलेगा, चाहे फ़िल्म एक दिन ही चले- चाहे जैसे! मीडिया के ज़रिये या किसी भी ज़रिये, पैसा तो वसूल हो ही जायेगा।

यही हाल है लेखक का- बस एक बार किताब छप जाये जिस पर खूबसूरत और स्टाइलिश-सा फोटो हो। पढ़ता कौन है, बस नाम और पैसा चाहिए फिर चाहे उस किताब में सच्चाई हो या न हो,.लोगों को दिशा दिखाने का तरीका ठीक हो या न हो।

'उफ'! क्या हो गया है इन लोगों को- ये पहले खुद को क्यों नहीं दिशा दिखाते, जो औरों को दिशा दिखाने चले हैं।

इस पुस्तक का नाम 'दोस्ती और व्यापार' क्यों?

इस पुस्तक का नाम 'दोस्ती और व्यापार' इसलिए रखा गया है कि अक्सर लोग दोस्ती को एक ख़ास मक़ाम (fix position) दे देते हैं। जैसे सुनने को मिलता है कुछ लोग कहते हैं- "मैंने अपने जीवन में बस एक ही दोस्त बनाया था, उसका भी बहुत पहले स्वर्गवास हो गया।"

या यूँ "अरे! दोस्ती तो करनी ही नहीं चाहिए।"

या यूँ शायराना अन्दाज़ में,

''चाँदनी चाँद से होती है, सितारों से नहीं,

दोस्ती एक से होती है, हज़ारों से नहीं।''

पर इस शायर का इशारा दोस्ती की तरफ़ नहीं, बल्कि प्रेम, मोहब्बत, इश्क़ की तरफ़ है।

इसी तरह से एक और मक़ूला (कहावत) मशहूर है-

"घोड़ा घास से दोस्ती करेगा तो खायेगा क्या''

इस कहावत ने लोगों के ज़हन (mind) को बदल दिया और कुछ लोगों ने इस कहावत की गाँठ बाँध ली है और अपने कार्य क्षेत्र में आँख मूंदकर काम करते हैं बग़ैर मुस्कुराये, बग़ैर पहचान बनाये, बग़ैर कुछ बोले मानो गूँगे, बहरों की तरह- चाहे ये क्षेत्र दुकानदारी का हो या ठेकेदारी का या कोई भी व्यापार का।

जैसे एक ग्राहक दुकानदार से कुछ सामान खरीदता है- दुकानदार एक गूँगे की तरह सामान निकालकर सामने रख देता है , मुस्कुराता नहीं। वो इसलिए कि कहीं ग्राहक से दोस्ती न हो जाये। अगर दोस्ती हो गई तो उसे सामान मुफ़्त में देना पड़ेगा- यही उसके दिमाग़ में बस गया है। अब ग्राहक पूछता है-

कितना पैसा हुआ- तब जाकर एक लफ़्ज़ ज़बान से निकलता है- 11 रु०- बस ग्राहक ने सामान लिया और चला गया।

तो ये असर है इस कहावत का।

इस कहावत का लिखने वाला कोई दिल जला ही होगा जो अपने नियमों के हाथों जब लुट पिट गया तो बाद में लिखा- "घोड़ा घास से दोस्ती करेगा तो खायेगा क्या।"

हक़ीक़त में ये कहावत उन लोगों के लिए है जो अपने कारोबार में याराना कर बैठते हैं और अपनी मित्रता को कारोबार में शामिल कर लेते हैं और फिर अपने बनाये हुए ग्राहक उर्फ़ यार पर लुटाना शुरू कर देते हैं।

ये कहावत पहली बार एक व्यापारी ने एक तवायफ़ (वेश्या) की ज़बान से सुनी थी, जब 99 जहाज़ों को बेचकर तवायफ़ पर निसार (बलिदान) कर चुकने के बाद उसके पास कुछ न रहा तब तवायफ़ ने उस व्यापारी से मिलने से इन्कार कर दिया। जब व्यापारी ने पूछा कि 'कल तक मेरी काया से लिपट कर रहने वाली आज मेरी छाया से दूर क्यों,' तब जवाब मिला-

"कल तू व्यापारी था, आज एक भिखारी है-

घोड़ा घास से दोस्ती करेगा तो खायेगा क्या।"

दोस्ती और अय्याशी में बहुत बड़ा फर्क है- उतना ही बड़ा जितना कि शराब और गंगा जल में।

कहावत तो दुनिया कहती है, पर समझता कोई-कोई है। एक समझदार व्यक्ति को पहले शब्द का अर्थ समझ लेना चाहिए, उसके बाद उसे प्रयोग में लाना चाहिए। दोस्ती- 'दोस्त' शब्द से निर्मित है और दोस्त फ़ारसी शब्द है जिसका अर्थ हैं- आशना (जान पहचान वाला),ख़ैर ख़्वाह (भलाई चाहने वाला), महबूब (प्रिय)।

दोस्त बनाना- अर्थ है- गाँठना, मिलाना, हमराज़ बनाना अर्थात् राज़ की बात जानने वाला।

शब्द 'गाँठना' जो है- वो है सिलने में जब मोची टोपनी से धागा नीचे से ऊपर निकालता है तो ऊपर वाले धागे को उसके अन्दर से लेकर नीचे वाले धागे को खींच लेता है। इस तरह ऊपर वाला धागा अपनी जगह पर ही रह जाता है यानी ऊपर वाला ऊपर, और नीचे वाला नीचे ही रहता है। इसी तरह अपनी-अपनी जगह दोनों रहकर अपनी मुलाक़ात (भेंट) को गाँठ का नाम दे

देते हैं। इसी से बीच वाली वस्तु को आपस में मिला दिया जाता है यानी सिल दिया जाता है। इसी को मिलाना कहते हैं।

मुझे नहीं लगता कि यहाँ चाँद, चाँदनी, घोड़ा या घास जैसे शब्द दोस्त के अर्थ में आए हैं।

अगर नहीं आए तो हमें चाहिए कि दोस्ती करनी चाहिए चाहे वो ग्राहक हो या यात्री, पड़ोसी हो या साथी, कर्मचारी हो या मालिक, हिन्दू हो या मुस्लिम, सिख हो या इसाई, बच्चे हों या जवान या बूढ़े, माता-पिता हों या भाई-बहन, बीवी हो या बच्चे, बेटा हो या बेटी, जानवर हो या पक्षी, पेड़ हो या पौधे।

जब तक हम दोस्ती नहीं करेंगे, दिल से दिल की गाँठ नहीं लगायेंगे, अपने आपको एक-दूसरे में नहीं देखेंगे, तब तक हम सच्चाई से परिचित नहीं होंगे।

जब हम एक दूसरे को कारोबार से या किसी भी मक़सद (लक्ष्य) से जोड़ते हैं, उसी को गाँठना भी कहते हैं- तो ये 'दोस्ती' हो गई।

पर 'दोस्ती' एक अच्छा और सच्चा शब्द है इसीलिए झूठे लोगों को 'दोस्ती' शब्द प्रयोग करने में कठिनाई होती है यानी शर्मिन्दगी महसूस होती है। यही कारण है दोस्ती शब्द ज़्यादा प्रचलित नहीं है।

दोस्ती का नाम हवा है

दोस्ती का नाम पानी है

दोस्ती का नाम अग्नि है

दोस्ती का नाम आत्मा है

दोस्ती का नाम ईश्वर है

दोस्ती एक बीज से पौधा निकलने का नाम है। 'दोस्ती' उसी पौधे से फूल और फल मिलने का नाम है। दोस्ती आग और पानी के मिलाप का नाम है। दोस्ती इस मिलाप से पैदा होने वाली भाप (स्टीम) का नाम है।

दोस्ती सूर्य का पश्चिम में अस्त होना, पूरब से उदय होने का नाम है।

दोस्ती रात के आने से दिन का छिप जाना और दिन के आने से रात के छिपने का नाम है।

दोस्ती बेटा हो या बेटी सबको अच्छी परवरिश देना, अच्छे वस्त्र देना, खान-पान एवं अच्छी शिक्षा देने का नाम है।

दोस्ती दुकान को अपने टाइम से खोलने और बन्द करने का नाम है।

दोस्ती अपने मालिक के सामने या पीछे बराबर काम करना और प्रशंसा करने का नाम है। दोस्ती ग्राहकों से प्रेम से बातें करना, सम्मान के साथ सामान का देना, विश्वास दिलाना और विश्वास करने का नाम है।

''दोस्ती है तो सबकुछ है, दोस्ती नहीं तो कुछ भी नहीं।"

"Everything exists with friendship, Nothing exists without friendship."

"तो आइये चलते हैं 'दोस्ती और व्यापार' की दुनिया में।"

मार्किटिंग का परिचय
Introduction to Marketing

अमेरीकन मार्किटिंग असोसियशन, मार्किट की परिभाषा इस तरह बताती है- "मार्किट किसी सामान/सर्विस के लिए खरीदार की मांग है।"

पी. कॉटलर मार्किट को परिभाषित करता है कि "यह अदला-बदली का एक स्थान है।"

इस तरह, मार्किट ख़रीदारों और बेचने वालों का एक समूह है जो आपस में सामान/सेवाएं ख़रीदते और बेचते हैं।

A Market is the agregate demand of the potential buyers for a product/service. - American Marketing Association.

P. Kotter defines a market as an area for potential exchanges.

Thus, a market is a group of buyers and sellers interested in purchase/selling of goods/services.

मार्किटिंग के दो रूप हैं:

1. परम्परागत मार्किटिंग **(Traditional Marketing)**- जो परम्परा के अनुसार चलती आ रही है।
2. नेटवर्क मार्किटिंग- जो नेटवर्क के ज़रिये (द्वारा) चलती है।

आइये हम आपको पहले परम्परागत मार्किट के बारे में बताते हैं। यह परम्परागत मार्किट क्या है-

परम्परागत मार्किट दुनिया में सदियों पुरानी मार्किटिंग का तरीका है जो अपने सामान (Product) की सेल, प्रचार द्वारा करती है। इस मार्किट में प्रचार के अनेक तरीक़े हैं जो हम आपको आगे बताएंगे। इस मार्किट में प्रोडक्ट सेल

करने का ख़ास ज़रिया प्रचार ही है। इसमें बहुत से मध्यवर्ती (intermediaries) और मिडलमैन द्वारा ग्राहक तक प्रोडक्ट पहुँचाया जाता है, जिसके कारण प्रोडक्ट का मूल्य बढ़ जाता है।

अगर प्रचार टी. वी. द्वारा किया जाये और उसके लिए अभिनेता और सितारों को चुना जाये तो करोड़ों रुपये पलक झपकते ही ख़त्म हो जाते हैं।

जो थम्स-अप, कोक हम आज 10/- रु० में पीते हैं, वो 180-190 पैसे में तैयार हो जाती है। जो टोपाज़ ब्लेड 1.50 रु० में आज हमें मिलता है वो सिर्फ़ 20-25 पैसे में तैयार होता है। हर वो वस्तु (प्रोडक्ट) परम्परागत मार्किट का ऐसा ही होता है- चाहे वो बाइक, चार पहिए वाली गाड़ी (4 wheeler), टी. वी. या वॉशिंग मशीन हो, साबुन हो, या चावल हो, या आटा, नमक हो।

कारण- परम्परागत मार्किट में ज़्यादा पैसा प्रचार में ख़र्च होता जो कस्टमर से वसूला जाता है।

हर सामान का प्रचार नये-नये तरीकों से हो रहा है और दाम भी वस्तुओं का बढ़ता जा रहा है, पर ग़रीब क्या उस वस्तु को ख़रीद सकते हैं जो चार हज़ार का हो और ख़रीदना उसे बारह हज़ार में पड़े। ग़रीब का तो सिर्फ़ 100/- रु. ही रोज़ की कमाई है, जिसे वह खाने-पीने, बच्चों में और बीमारियों में ख़र्च कर देता है। आज हमारे हिन्दुस्तान में 50 प्रतिशत लोग हैं जो तीन हज़ार से ज़्यादा नहीं कमाते। क्या ये 50 प्रतिशत लोग अपनी ज़रूरत की चीजें ख़रीद सकते हैं? आज भी बहुत से ऐसे लोग हैं जिनके घर वॉशिंग मशीन, फ्रिज नहीं है। आज भी बहुत से लोग हें जिन्होंने अपनी सारी उम्र किराये के मकान में गुज़ार दी। वो खुद मकान नहीं बना पाये।

इस बढ़ती हुई महँगाई को कैसे कम किया जाये और ग़रीबों को उनकी मेहनत की सही क़ीमत कैसे दी जाये। वो अलग बात है कि आज मार्किट में कॉम्पिटिशन की वजह से कम्पनियाँ अपना दाम गिरा रही हैं। लोगों को ऐसा लगता है कि दाम कम हो रहा है। पर जब ख़र्चा वही है, परम्परागत मार्किट का तो दाम कैसे घटे। बात यह नहीं- बात यह है कि जिस वस्तु की वॉरन्टी दस साल की थी, अब दो साल की कर दी गई है। पता क्या चला कि माल हल्का हो गया।

यही सब देखकर कुछ गुड माइन्डिड लोगों ने 'नेटवर्किंग' शुरू की, जिसमें सिर्फ़ लोगों को जोड़ना ही उनका कार्य था। इसी 'नेटवर्किंग' को मार्किटिंग के लिए इस्तेमाल करना शुरू कर दिया-

अपनी ज़बान से प्रोडक्टस और सर्विसिज़ की तारीफ करना

Recommendation through word-of-mouth of products and services.

इसी का नाम नेटवर्क मार्किटिंग पड़ा।

इसी के बारे में आगे विस्तार से बताया गया है।

अभी परम्परागत मार्किट के बारे में बताया जा रहा है कि वस्तुएं ग्राहक तक कैसे पहुँचती हैं- एक कम्पनी के उदाहरण से और (फिगर) चित्र से जो नीचे दर्शाया जा रहा है।

यहाँ कम्पनी घड़ी तैयार करती है और ये घड़ी ग्राहक तक इस तरह पहुँचती है।

अन्दाज़ी चित्र [approximate fig.]

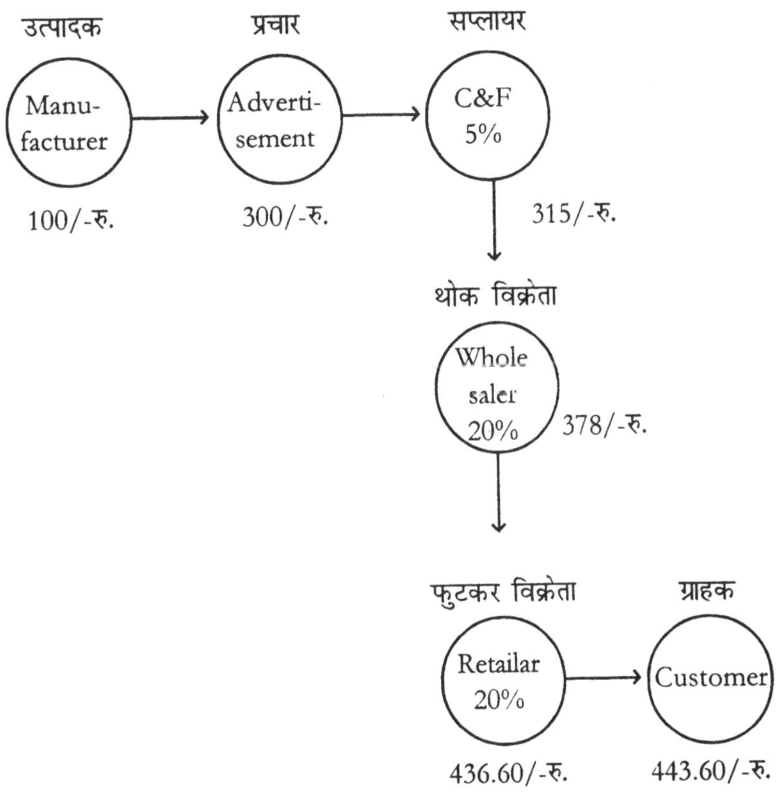

यहाँ कम्पनी जो घड़ी 100/- रु. में तैयार करती है, वो घड़ी प्रचार के बाद 300/- रु. क़ीमत की हो जाती है। इस तरह 5 प्रतिशत सप्लायर को, 20 प्रतिशत थोक विक्रेता (wholesaler) को और 20 प्रतिशत रीटेलर को जाता है। इस तरह, घड़ी की क़ीमत 443.60 रु. हो जाती है।

ये 443.60 रु. ग्राहक से वसूला जाता है।

यहाँ पर वस्तुओं के ख़रीदने और बेचने में प्रचार का बहुत ही महत्त्व हैं।

Advertising is a major promotion tool which facilitates purchase and selling of products.

परम्परागत मार्किटिंग अपने उत्पाद के प्रचार के लिए बहुत से तरीक़े अपनाती हैं, जिनमें से कुछ ख़ास तरीक़े दर्शाये जा रहे हैं:-

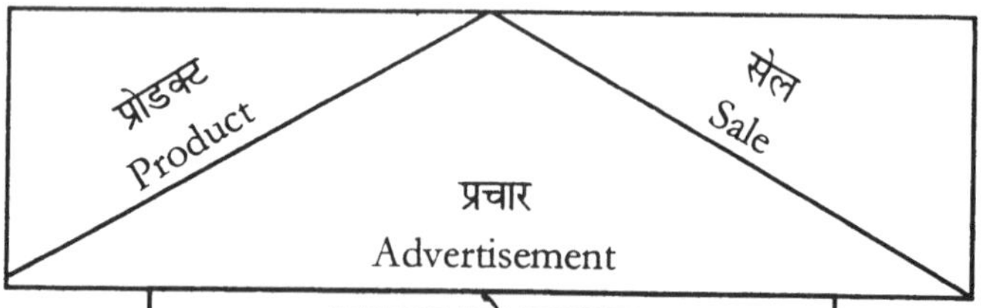

प्रचार के साधन

1. **प्रसारण मीडिया–**
   रेडियो, टी.वी., फ़िल्म
2. **मुद्रण क्रिया–**
   अखबार, पत्रिका, मैगज़ीन, व्यापार-पत्रिका, तकनीकी पत्रिका, नियतकालिक पत्रिका
3. **परिवहन–**
   रेलवे लाइन, बसें, हवाई जहाज़, भूमिगत पथ (तलमार्ग)
4. **सूचीपत्र, इश्तिहार, बैनर इत्यादि**
5. **वस्तुओं का व्यवस्थित प्रदर्शन, प्रदर्शनी, टेलीफोन निर्देशिका**
6. **बाहरी या दीवार चित्र–**
   पोस्टर, नोटिस बोर्ड, बिजली से होने वाले प्रचार, आसमानी प्रचार (रबड़ के गुब्बारे इत्यादि।
7. **और सीधा सम्बन्ध–**
   डाक व्यवस्था, मोबाइल, टेलीफोन, इन्टरनेट आदि।

परम्परागत मार्किट की कुछ सच्चाईयां
Some Facts About Traditional Market

मार्किट की परिभाषा है- ये एक अदला-बदली की जगह है जहाँ ज़रूरत की चीज़ें ख़रीदी और बेची जाती हैं चाहे वो मार्किटिंग- परम्परागत हो या मल्टी लैवल- नेटवर्किंग।

मैं लिख रहा हूँ परम्परागत मार्किट की कुछ सच्चाईयां-

जिस तरह आधा सच आधा झूठ मिलाकर एक ख़बर बनती है, उसी तरह से मार्किटिंग की दुनिया भी आधी हक़ीकत आधा फ़साना है।

1. यहाँ पर सामान का इतना मोल नहीं जितना कि उसकी पैकिंग का होता है। प्रचार के बाद दूसरा महत्व पैकिंग का ही होता है जिसे देख ग्राहक उस सामान को ख़रीदने के लिए उत्सुक हो जायें। यही कारण है कि कई प्रोडक्ट इस तरह के होते हैं जो बाहरी तौर पर बहुत ही जानदार और ख़ूबसूरत नज़र आते हैं पर इस्तेमाल करने पर कौड़ी के भी नहीं होते।
2. परम्परागत मार्किटिंग में दूसरी सच्चाई ये है कि जब कम्पनी किसी भी प्रोडक्ट को लॉन्च करती है- उसके चलते वही क० उसी ब्रान्ड को विभिन्न रूप में मार्किट में लाना शुरू कर देती है। जैसे पहले एक ही लाइफ-ब्वाय साबुन आता था- जब इसने मार्किट में अपनी जगह बना ली तो कम्पनी ने लाइफ-ब्वाय गोल्ड, लाइफ-ब्वाय केयर, लाइफ-ब्वाय टोटल निकालना शुरू कर दिया।

   इससे ग्राहक को अपनी पसन्द का साबुन चुनने में दिक़्क़त उठानी पड़ती है- 'क्या करूँ- ये लूँ या वो' आख़िरकार ग्राहक के समझ में नहीं आता, कभी ये इस्तेमाल करता है कभी वो। आख़िर में ग्राहक के काम आता है रेकमेनडेशन (recommendation) यानी अपने मुँह से तारीफ़ करना,

सिफ़ारिश करना। जो तरीक़ा नेटवर्क मार्किटिंग में चलता है, वो यहाँ दुकानदार अपनाते हैं-

दुकानदार- "आप पहले कौन-सा साबुन इस्तेमाल करते थे?"

ग्राहक- "पुराना लाइफ-ब्वाय करते थे- अब वो बदल गया है, अब तो सफ़ेद आने लगा है।"

तब, दुकानदार उसे समझाता है: - ''नहीं पुराना वाला भी आ रहा है- वही चीज़, वही खुशबू, बस थोड़ा-सा फ़र्क़ है उसकी पैकिंग में।'' तब, ग्राहक उस साबुन को ले जाता है।

फ़र्क़ तो बहुत है, पर क्या करें। दुकानदार ने जो ब्रेन वॉश कर दिया और थोड़ा बहुत तो पहले जैसा ही है।

ऐसा क० क्यों करती है जिस ब्रान्ड की पहचान के लिए करोड़ों ख़र्च किये, कुछ ही समय के बाद उसकी पहचान बिगाड़ देते हैं और एक प्रोडक्ट के कई रूप सामने ले आते हैं। इससे ग्राहक के लिए मुश्किल हो जाती है कि वो किस रूप वाले प्रोडक्ट का चुनाव करे- लाल, सफेद या पीला।

इसी बीच मार्किटिंग फ़ील्ड इन्फॉर्मेशन डिपार्टमेन्ट (सर्वे विभाग) किसी एक क० को ग्राहक की चाहत बताता है। ग्राहक क्या ढूँढता है- बता देता है और फिर वो क० लॉन्च करती है एक नया ब्रान्ड और जहाँ परेशान पब्लिक कोई फैसला नहीं ले पा रही थी, अब इस इकलौते ब्रान्ड को अपना लेती है।

ऐसा क्यों करती है क०? वो इसलिए कि क० के रहबर और सलाहकार ऐसी तरकीबें बताते रहते हैं- 'कम्पनी के पास एक-एक ब्रान्ड की कई क्वालिटी होंगी तो किसी न किसी का चुनाव ग्राहक ज़रूर करेगा।'

यही आरज़ू क० को ले डूबती है और दूसरी क० को भरपूर फ़ायदा उठाने का मौक़ा मिल जाता है। कभी-कभी दूसरी क० द्वारा मोटी रक़म लेकर भी कम्पनी के ये सलाहकार ऐसा करते हैं।

3. मार्किट का कॉम्पिटिशन है-इस कॉम्पिटिशन के दौर में बस कम्पनी तरह-तरह के रंग-बिरंगे उत्पाद मार्किट में ला रही है। क० को खुद पता नहीं कि ये क्या चीज़ है और इसके खाने से बच्चों को या बड़ों को क्या नुकसान है

   बस मौत नहीं होनी चाहिए बाकी बीमारियों से जूझता रहे- उससे कोई फ़र्क़ नहीं पड़ता। जैसे सरसों का तेल, घी, रिफाइन्ड और भी खाद्य

पदार्थ, दूध, अनेक प्रकार के लाल, पीले साबुन, शैम्पू, इसके अलावा बच्चों के लिए रंगों की माला में लिपटी टॉफी, चॉकलेट, जो बच्चों के क़ीमती और अनमोल दाँतों का नाश कर देते हैं।

ये क्या चीजें हैं जो इन्सानी नस्ल को तबाह करने पर तुली है। इन्सानों में दिन-रात नये-नये रोग शामिल कर रही हैं। कॉम्पिटिशन का मतलब ये तो नहीं कि सिर्फ़ अपनी सफलता के लिए- इन्सानी जीवन को तबाह व बर्बाद कर दे– सफलता इसका नाम नहीं।

कम्पनी की सफलता के लिए पाँच चीज़ों का विशेष ध्यान रखना पड़ता है तब जाकर मिलती है सफलता-

1. हम जो भी उत्पाद मार्किट में लाने वाले हैं उसकी ज़रूरत लोगों को कितनी है- 10 प्रतिशत से 25 प्रतिशत तक बहुत है। यही 10 प्रतिशत लोगों को 90 प्रतिशत ज़रूरतमन्द बना देता है।
2. इस उत्पाद से लोगों को कोई नुकसान न पहुँचे। अगर खाने-पीने का है तो कोई शारीरिक रोग पैदा न हो और अगर बरतने वाली वस्तु है तो ऐसा न हो कि जो पैसा वो लगा रहा है, उसकी वसूली हुए बगैर ही ख़राब हो जाये।
3. जब ये उत्पाद लोगों में मशहूर हो जाये तो उसी जैसे दो-चार और उत्पाद मार्किट में न उतारें।
4. किसी दूसरी क० की होड़ न करे बल्कि हाथी की चाल चलते रहें- और पीछे शोर मचाने वाले शोर मचाते रहें।
5. उत्पाद किसी ख़ास जाति या ख़ास दर्जे के लोगों के लिए न हो जैसे ग़रीब- अमीर, उद्योगपति, शाही लोगों के लिए अलग-अलग न हो। एक ही हो और सभी दर्जे के लोगों की पसन्द हो, 'क़ीमत वाजिब हो।'

तो आइये प्रस्थान करते हैं नेटवर्किंग की दुनिया में-

•

नेटवर्क किसे कहते हैं
What is Network

'नेट' अंग्रेज़ी शब्द है जिसका अर्थ है जाल- जिसे हम घेरने, फाँसने में इस्तेमाल करते है; मच्छर से बचने के लिए, मछली फाँसने के लिए आदि।

ये नेट एक फन्दे से शुरू होता है और इसी फन्दे के चारों ओर छोटे-छोटे कई फन्दे डाले जाते हैं। हर फन्दे के बाद वाले फन्दे का चक्कर पहले वाले चक्कर से दुगुना होता है। ये फन्दा एक फन्दे से दूसरे फन्दे में जोड़ दिया जाता है यानी गाँठ लगा दी जाती है- इसी तरह से जाल तैयार हो जाता है।

नेट की शुरूआत ही ज़ीरो से होती है। पहला क़दम कोई एक ही बढ़ाता है, फिर दो, फिर उनसे अनेक और इसी तरह से नेट तैयार होता जाता है। जैसे हर इन्सान की ज़िन्दगी की शुरुआत एक से फिर दो, फिर उनसे उत्पन्न होने वाले उनके बच्चे- तब जाकर उनका बनता है नेट और वो पहला इस नेट का मालिक होता है, और यही मालिक कहलाता है नेट-वर्कर।

ईश्वर ने हर जीव को एक नेटवर्कर बनने का सौभाग्य दिया है, पर अच्छा नेटवर्कर वही बन पाता है जो अपनी टीम यानी नेट को ठीक ढंग से चला सके, संभाल सके, अपने नेट को अच्छा ज्ञान प्रदान कर सके। इसी नेटवर्कर को बाप का नाम दिया जाता है यानी पिता, वालिद, फ़ादर।

ठीक इसी तरह से व्यापार की दुनिया में भी टीम यानी नेट बनाकर उनसे काम लिया जाता है और उसी को नेटवर्क कहते हैं। नेटवर्क है लोगों का जानकारी की अदला-बदली द्वारा जुड़ना। यह एक टीम वर्क है।

Network is People connected by exchange of information, etc. It is a Team work.

लेकिन आज के दौर में लोग सिर्फ़ मेम्बर बनने-बनाने को ही नेटवर्क कहते हैं, पर सही में नेटवर्क हर स्टेज पर है। यह एक टीम वर्क है। कोई

भी किसी भी क्षेत्र में अकेले बिजनेस नहीं कर सकता, उसे एक नेटवर्क की ज़रूरत होती है- जैसे न्यूज़ को इकट्ठा करने और आप तक पहुँचाने में भी नेटवर्क की ज़रूरत है; जैसे एक विधान चलाने के लिए नेटवर्क की ज़रूरत है; जैसे एक कम्पनी को चलाने के लिए भी नेटवर्क की ज़रूरत होती है।

एक कम्पनी के नेट को नीचे चित्र द्वारा दर्शाया जा रहा है-

यह एक कम्पनी है-

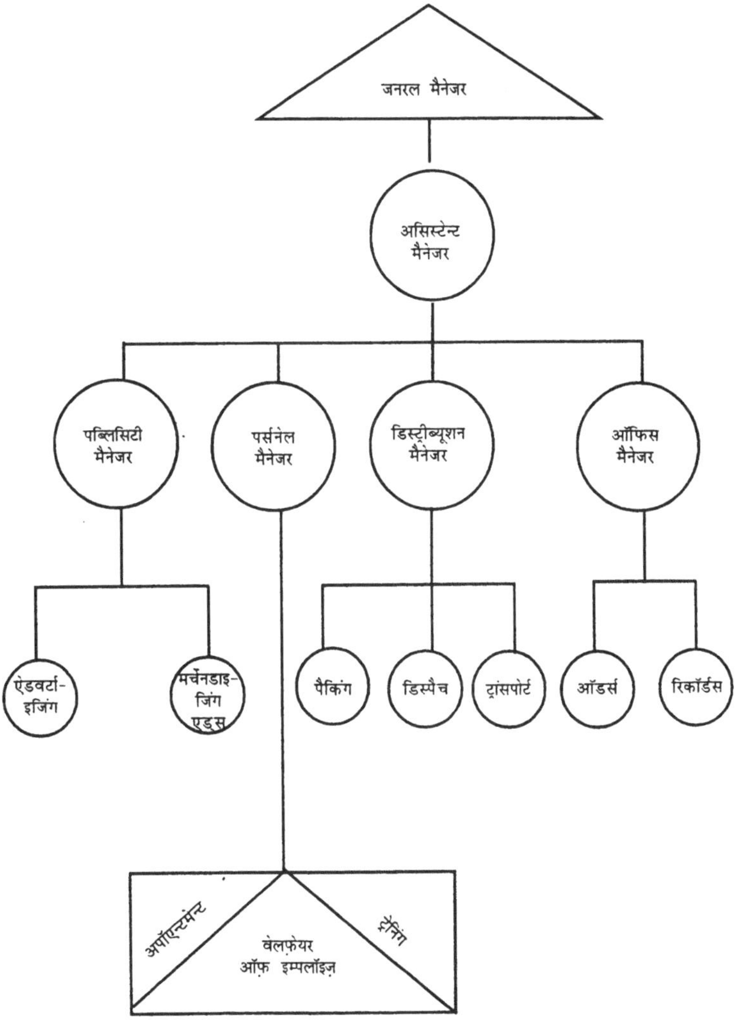

आप कैसा नेट चाहते हैं
How do you want your Net

आप अपना नेट बनाने से पहले नेट में शामिल करने वाले लोगों का चुनाव कर लें कि किस तरह के लोग आपको चाहिए।

व्यक्ति तीन तरह के होते हैं- एक अच्छा, दूसरा बुरा, तीसरा दोनों यानी अच्छा भी, बुरा भी।

उसकी कई मिसालें हैं:-

1. जैसा अच्छा व्यक्ति वो होता है- जो ईश्वर का आज्ञाकारी हो, समय के अनुकूल चलता हो- जैसे काम से ज़ल्दी घर लौटना, ईश्वर को याद करके सोना, सूर्य-उदय से एक घन्टा पहले उठना, नहाना-धोना, पूजा करना और फिर अपने काम पर निकलना, झूठ न बोलना, किसी को धोखा न देना, किसी का माल छीनकर अपना न बनाना, किसी को दुखी न देखना और न दुख पहुँचाना, मज़दूर की मज़दूरी पूरी-पूरी देना, हर आत्मा को अपनी आत्मा जैसा समझना, पराई स्त्री पर ग़लत नज़र न रखना, बेसहारों को सहारा देना, दृष्टिहीन को राह दिखाना, अनाथ (यतीम) के सर पर हाथ रखना (सहारा देना), किसी को सताना नहीं, किसी को कष्ट न पहुँचाना, डूबते हुए को बचाना, मरते हुए को जीवन देने का प्रयास करना। यही निशानी है अच्छे मनुष्य की।
2. और बुरे मनुष्य की निशानी- इसका उल्टा है।
3. अच्छाई और बुराई दोनों गुण वाला व्यक्ति वो होता है- जो दिखने में साफ-सुथरा, अच्छे कपड़े पहनना, प्रेम से बातें करना, हफ्ते में जग दिखाई पूजा-पाठ करना या मन्दिर, मस्जिद, गुरूद्वारा जाना, अच्छे-अच्छे शब्द बोलना, बात-बात पर ईश्वर-खुदा की बातें करना यूँ मानो बड़ा नेक और बहुत ही सज्जन व्यक्ति है जिसमें किसी भी प्रकार का कोई खोट

नहीं, ईश्वर और खुदा की क़सम खाता है और ग़रीबों की मज़दूरी से कटौती करता है।

रात के अन्धेरे में अपना रूप बदलता है।

किसी पराई स्त्री की काया से अपनी भूख मिटाता है।

समय पड़ने पर ये जान भी ले लेता है।

अपने भोलेपन और सज्जनता के मुखौटे पीछे लोगों को धोखा देता है।

बहन बनाकर राखी बँधवाता है, ईद में सेवइयाँ खाता है- बाद में उसी बहन से मुँह काला करता है।

दिन के उजाले में अपनी सज्जनता का ढोल पीट-पीट कर कहता है- 'मैं अच्छा हूँ सबसे पूछ लो, पर वो बेटी वाला साला मुझे बुरा कहता है।'

इसी तरह से तीन गुण के व्यक्ति आज समाज में पाये जाते हैं या यूँ मानो हर क्षेत्र में पाये जाते हैं- चाहे वो गाँव-मोहल्ला हो, हाट-बाज़ार या शहर-व्यापार हो। जिस गुण का मनुष्य होगा, वैसे ही उसके दोस्त होंगे वैसे ही उनकी चौपाल होगी, वैसी ही उनकी टीम यानी नेट होगा और जैसा नेट होगा वैसा ही उसका सरदार यानी नेटवर्कर होगा। जैसा नेटवर्कर होगा, वैसी ही नेटवर्किंग होगी। पहली- अच्छाई की, दूसरी -बुराई की, तीसरी- अच्छाई, बुराई दोनों मिली हुई।

आप कैसे व्यक्ति हैं; आप कैसा नेट बनाना चाहते हैं, आपको कैसे नेटवर्क की ज़रूरत है, आप कैसा नेटवर्कर बनना चाहते हैं-

किसी भी कार्य के लिए टीम का होना बहुत ज़रूरी है- चाहे तो कार्य लोगों की अच्छाई के लिए हो या बुराई के लिए।

1. बेसहारों को सहारा देना हो- अनाथ आश्रम खोलकर
2. या ग़रीबों के बच्चों को शिक्षा देना- ख़ैराती स्कूल खोलकर
3. या कुष्ट-रोगियों का इलाज करना हो- दानी के दान से अस्पताल खोलकर
4. या फिर किसी को लूटना हो या डाका डालना हो।

सब में कई लोग की ज़रूरत पड़ती है और इन कई लोगों के मिलकर काम करने को टीमवर्क यानी नेटवर्किंग कहते हैं और इस टीम बनाने वाले को टीम क्रिएटर कहते हैं यानी नेटवर्कर कहते हैं।

अब नेटवर्कर पर बात ठहरी- कि वो कैसा नेटवर्कर है, किस तरह का नेट बनाना चाहता है और उसका कार्य क्या है।

मैंने इस पुस्तक में अच्छे, और बुरे दोनों ही तरह के नेट एवं नेटवर्कर के बारे में लिखा है- ताकि आप अच्छाई और बुराई दोनों को समझ सकें। वैसे तो आजकल सदस्य बनने और बनाने को ही नेटवर्किंग समझते हैं, पर ऐसा नहीं है- नेटवर्किंग तो हज़ारों-करोड़ों वर्ष पूर्व से चली आ रही है। यह अलग बात है कि हमारे सामने 'नेटवर्किंग' नाम नया है।

"तो, आइये चलते हैं नेटवर्क मार्किटिंग की दुनिया में।"

Let's Enter the World of Network Marketing.

•

नेटवर्क मार्किटिंग क्या है
What is Network Marketing

नेटवर्क मार्किटिंग एक मल्टी लैवल मार्किटिंग है। नेटवर्क मार्किटिंग अपने मुँह से उत्पाद और सेवाओं की तारीफ़ करना है। ये एक तरीक़ा है व्यापार का, न कि खुद एक व्यापार है। ये एक बहुत ही बेहतर और प्रभावशाली माध्यम है, मार्किटिंग की दुनिया में।

Network Marketing is a Multi level Marketing. Network Marketing is a recommendation of products and services through word-of-mouth. It is a way of doing business, not a business itself. It is the most powerful and effective marketing system in world.

नेटवर्क मार्किटिंग का जो तरीक़ा है, वो अलग-अलग प्रकार का है। कुछ तरीक़े आपको बताये जा रहे हैं-

जब कोई कम्पनी अपने प्रोडक्ट को नेटवर्क मार्किटिंग द्वारा सेल करना चाहती है, तो वो एक विज्ञापन देती है-

'कम्पनी प्रा० लि० को डायरेक्ट सेल के लिए सेल्समैन की आवश्यकता है।'

बहुत से लोग कम्पनी पहुँचकर अपना-अपना इंटरव्यू देते हैं। इंटरव्यू किस चीज़ का- कि वो पढ़ा-लिखा है या नहीं? नहीं। इंटरव्यू होता है कि वो हमारे प्रोडक्ट की तारीफ़ कर पायेगा? क्या उसके अन्दर ग्राहक को रिझाने की ख़ासियत है? क्या उसमें वो खूबी है जिसकी वजह से डायरेक्ट सेल नेटवर्क मार्किटिंग चलती है और इस मार्किटिंग पर लोग भरोसा कर सकें।

यह कम्पनी इंटरव्यू लेकर लोगों का चुनाव करती है और उन्हें एक टार्गेट देती है- दो या चार या दस प्रोडक्ट सेल करने का- हफ़्ते या महीने का टार्गेट होता है। आपको कम्पनी तीन-चार हज़ार रुपये प्रति माह देगी और आपने

अगर अपने टार्गेट से ज़्यादा सेल किया तो आपको उसका इन्सेन्टिव अलग मिलेगा। इस तरह शुरूआत होती है। यह कम्पनी ट्रेनिंग नहीं देती।

जब यही वितरक (Distributor) कुछ समय तक घर-घर जाकर (door to door) मेहनत करते हैं और कम्पनी में कुछ पद प्राप्त कर लेते हैं, तो फिर उनको कम्पनी के प्रबन्ध (management) के कार्य में लगा दिया जाता है। ऐसी कम्पनी में पद (Post) कुछ इस तरह के होते हैं-

1. **एडवाइज़र (सलाहकार)**- लोगों में अपनी वस्तु की तारीफ़ करना, उन्हें सलाह देना कि वे यही वस्तु इस्तेमाल करें।
2. **दूसरा पद**- सेल्स को-ऑडिनेटर- जब वह कई क्षेत्र अपने अन्डर कर लेता है- तब वह कई जगहों पर सेल करने लगता है।
3. **तीसरा पद**- ग्रुप सेल्स को-ऑडिनेटर- जब उसके नीचे कई सेल्स को- ऑडिनेटर हों।
4. **चौथा पद**- असिस्टेन्ट जनरल मैनेजर- ये बनते ही वो कम्पनी के सीधे प्रबन्ध-कार्य में आ जाता है और कम्पनी के मुताबिक़ कार्य करता है।

पद के अनुसार ही इन सबको तनख़्वाह भी मिलती है।

दूसरा तरीक़ा डायरेक्ट सेल नेटवर्क मार्किटिंग का-

एक कम्पनी लोगों को इकट्ठा करती है और अपना प्रोडक्ट सेल करती है। जो लोग इनका प्रोडक्ट ख़रीदते हैं, उन्हीं को डिस्ट्रिब्यूटर बना देते हैं। यह कम्पनी कुछ रुपये 500,1000/- रेजिस्ट्रेशन फ़ीस भी लेती है। इससे उन्हें एक I. D. न० प्रदान किया जाता है। यहाँ पर परम्परागत मार्किट के दाम से बहुत कम क़ीमत में सामान बेचा जाता है। जैसे परम्परागत मार्किट में कोई वस्तु 100/- रु० की है, यहाँ वही वस्तु आपको 60/- रु० में दी जाती है और प्रति वस्तु पर डिस्ट्रिब्यूटर को 7.5 प्रतिशत से 25 प्रतिशत तक इन्सेन्टिव दिया जाता है। यहाँ पर जो चाहे I. D. न०लेकर डिस्ट्रिब्यूटर बन सकता है। यहाँ पर वस्तु के बेचने और उसकी तारीफ करने का पूरा तरीक़ा भी बताया जाता है।

नेटवर्क मार्किटिंग में कम्पनी से ग्राहक प्रोडक्ट ख़रीदता है और सीधा ग्राहक को बेचता है और वही ग्राहक, कम्पनी के कानून वितरक बन जाते हैं। नेटवर्क मार्किटिंग में मध्यवर्ती नहीं होते। यहाँ अपने मुँह से प्रोडक्ट का पर ग्राहक ही प्रचार करता है।

इस क्रिया को नीचे चित्र द्वारा दर्शाया जा रहा है–

नेटवर्क मार्किटिंग की प्रक्रिया

Process of Network Marketing

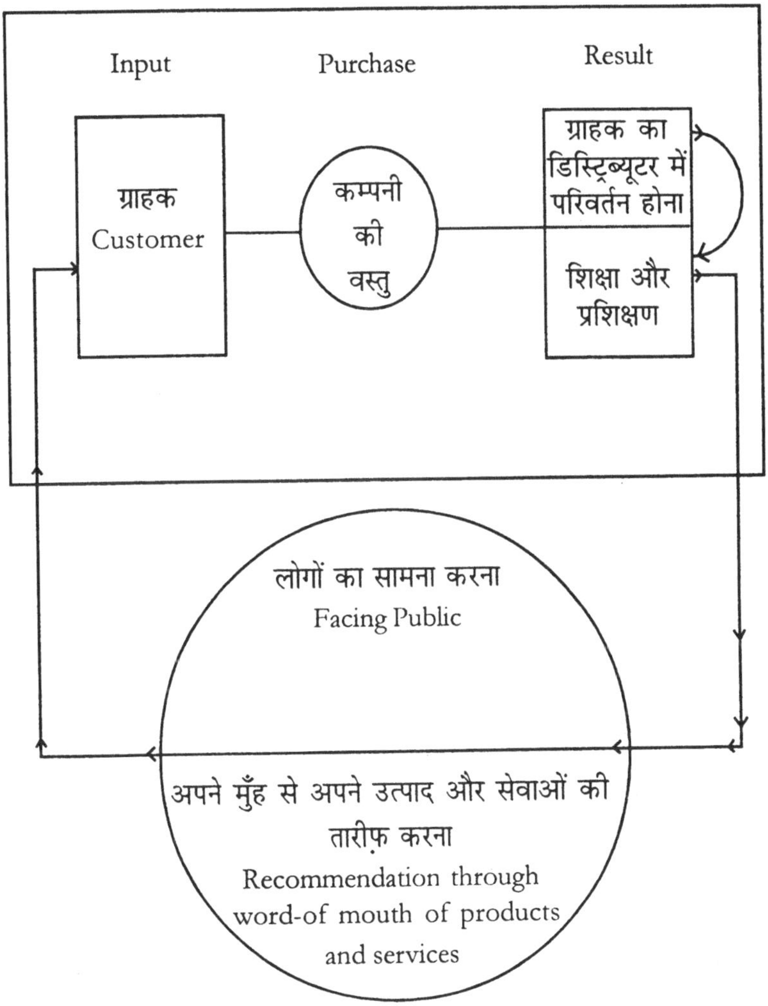

अगर सही मायने में देखा जाये तो डायरेक्ट सेल नेटवर्क मार्किटिंग परम्परागत मार्किटिंग से बहुत ही बेहतर है। कम्पनी सभी रजिस्टर्ड होती हैं- फ़र्क़ सिर्फ शौहरत व प्रचार का होता है। हम प्रचार पर पैसा न लगाकर, वही पैसा डिस्ट्रिब्यूटर पर और ग्राहक पर ख़र्च करें, तो शायद यह बेहतर होगा। हमारे हिन्दुस्तान में लाखों की तादाद में बेरोज़गार फिरते हैं। शायद उन्हें इससे रोज़गार मिल जाये।

इस डायरेक्ट सेल नेटवर्क मार्किटिंग में दूसरा फ़ायदा घर बैठे आपको सामान प्राप्त हो जाता है। आपको बाज़ार जाने की दिक़्क़त नहीं उठानी पड़ेगी और न ही लम्बी क़तार में लगना पड़ेगा, न ही खट्टे-मीठे शब्दों से पाला पड़ेगा। अगर हम सभी इस तरह से प्रोडक्ट प्राप्त करने और सेल करने की सोच लें, तो हम महँगाई से बच सकते हैं- जो महँगाई प्रचार से बढ़ती है।

एक प्रचार का एक शख़्स चार करोड़ से आठ करोड़ ले लेता है। अगर प्रचार को हर डिस्ट्रिब्यूटर, हर एडवाइज़र के ज़रिये, अपने मुँह से शब्दों द्वारा शुरू कर दिया जाये तो बेरोज़गारों को रोज़गार और ग्राहक को सस्ता सामान मिल सकता है।

तो आइये नेटवर्क मार्किटिंग की शिक्षा प्राप्त करें लेखन और उदाहरण से-

•

नेटवर्क मार्किटिंग की शिक्षा
Education of Network Marketing

पहली शिक्षा नेटवर्क मार्किटिंग की-

अच्छा इन्सान वो है, जिसके स्वभाव से दूसरों को फ़ायदा पहुँचे।

Better are those ones from whose nature, others get benefit.

यानी उसकी हँसी से लेकर बोल-चाल, चलना, उठना-बैठना सबकुछ देखने वालों के लिए लाभदायक हो। उसकी हर अदा में ज्ञान छिपा हो।

दूसरी शिक्षा- दोस्ती करना

चाहे वो जैसा भी हो उसे अपने जैसा बना देना, डुप्लीकेट करना और उसी शिक्षा को आगे बांटना।

कुछ लोग कहते हैं- ''मैं यह सब नहीं कर सकता। मैं ऐसा कैसे करूँगा। मैं किसी अन्जान व्यक्ति से कैसे बात करूँ! वो कहेगा- जान न पहचान, मैं तेरा मेहमान।'' पर ऐसा कुछ नहीं है- दोस्ती तो एक ऐसी निगामत है जिसके लिए हर दिल सदाएं देता रहता है, इसके लिए तो बस एक इशारा ही काफ़ी है।

तीसरी शिक्षा- नेटवर्क चलाने के लिए चाहिए कि हर नेटवर्कर के अन्दर एक STOP हो-

S- SMILE उसके चेहरे पर हरदम मुस्कुराहट रहे

T- TRUTH उसमें सच्चाई हो

O- OPTIMISTIC वो आशावादी हो। हर पहलू को सकारात्मक अन्दाज़ से देखे (सकारात्मक सोच वाला)

P- PASSION उसमें अपने कार्य के प्रति एक जोश हो, जुनून हो।

S- SMILE उसके चेहरे पर हर पल मुस्कुराहट रहे। वो जब भी अपने नेटवर्क से मिले या बात करे, मुस्कुराया करे। यह अदा नेटवर्क और कस्टमर को बहुत प्यारी लगती है। यह अदा सामने वाले में जिससे आप बात करते हैं, उसमें जिज्ञासा (curiosity) और दिलचस्पी पैदा करती है। हमने बहुत से लोगों को देखा है जो अपनी पावर का फ़ायदा उठाते हुए अपने घमन्ड (ego) में रहते हैं। ऐसे लोग ज़्यादा समय तक दिलों में नहीं बसते। वो एक मौसम की तरह आते हैं और चले जाते हैं- उनके साथ जाती है तो नाकामी और विरानापन।

T- TRUTH चाहिए कि उसमें सच्चाई हो, वो अपने समय का पक्का हो, जो वादा (Commitment) करे, उसे पूरा करता हो। बात-बात पर झूठ न बोलता हो, जैसे कि अक्सर कुछ लोग कामयाबी मिलते ही अपने नेटवर्क से बहाने बनाने लगते हैं कि 'मैं घर पर नहीं हूँ, मैं इस वक्त आउट ऑफ स्टेशन हूँ, कभी अपना मोबाइल दूसरे को दे देते हैं और कहते हैं कि आप बोल दीजिए- 'मैं मीटिंग में हूँ', आदि।

इस तरह करने से नेटवर्क के अन्दर कमी आने लगती है और एक दिन वो उल्टे पैर वापस लौट जाते हैं।

O- OPTIMISTIC आशावादी हो, निराशावादी न हो। One looking to the positive side of a thing. बहुत से लोग ऐसे होते हैं, काम तो करते हैं पर उसका इनाम (reward) अच्छा मिलेगा, इसका उन्हें भरोसा नहीं होता- जिसके कारण वे अपने कार्य में तेज़ी नहीं ला पाते और समय से बहुत पीछे रह जाते हैं।

P- PASSION उसमें अपने कार्य के प्रति एक जुनून हो, जोश हो ताकि वो अपनी मंज़िल तक पहुँच सके। अगर कार्य के साथ जुनून नहीं तो समझ लीजिए बग़ैर पानी का कूलर जो हवा तो देगा मगर.........

नेटवर्क मार्किटिंग में ही नहीं, परम्परागत मार्किट में भी चाहिए कि एक दुकानदार से लेकर हर बिज़नेस तक, सबके अन्दर STOP हो।

कुछ दुकानदारों में STOP पाया जाता है, कुछ में नहीं पाया जाता। जैसे एक दुकानदार समय से अपनी दुकान खोलता और बन्द करता है- उसने अपनी दुकान और वक़्त से वादा कर रखा है।

उसके पास जो भी ग्राहक आता है उससे वो मुस्कुराकर बात करता है, वज़न सही तोलता है, सही दाम पर सामान देता है, ग्राहक से झूठ नहीं बोलता,

ग्राहक की जल्दी सुनता है, भीड़ चाहे जितनी हो अपनी मुस्कुराहट सब पर बिखेरता है, हर ग्राहक की पहचान रखता है। अगर नया ग्राहक हो तो उससे मुँह चुराने के बजाये मुस्कुरा कर पूछता है-

"आपको पहली बार देखा है- आप यहीं पास में रहते हैं" तब ग्राहक बतायेगा- "जी हाँ, हम नये हैं और यहीं पास में किराये पर मकान लिया है।"

ग्राहक कहाँ का है- जिस जगह का है, वहाँ की तारीफ़ और वहाँ के लोगों की तारीफ़ ग्राहक को दोस्त बना लेती है, और यह दोस्ती उस वक़्त तक चल सकती है जब तक आप चाहें। मगर शर्त है कि आप में एक STOP हो।

जो दुकानदार ऐसा नहीं करते और उल्टा ग्राहक को खुश नहीं कर पाते- ऐसे लोग जल्दी अपनी दुकान से हाथ धो बैठते हैं और फिर भटकते-फिरते हैं मौलवी, पंडितों के पास।

जिस तरह से लोगों में STOP का होना ज़रूरी है, उसी तरह स्टॉप (Stop) में वाहन (vehicle) का होना भी ज़रूरी है, ताकि इन्सान अपनी मंज़िल तक आसानी से पहुँच सके।

और वो वाहन हैं 4 C's + 4 P's

1. C - CONTROL नियन्त्रण
2. C - COMMITMENT वादा
3. C - COMPLIMENT प्रशंसा करना
4. C - CURIOSITY जिज्ञासा पैदा करना

1. P - PATIENCE सब्र
2. P - PERSISTENCE डटे रहना
3. P - POWER [WILL POWER] आत्मविश्वासं
4. P - PASSION जोश, जुनून

नियन्त्रण (CONTROL)

"व्यापार और स्वास्थ्य के लिए नियन्त्रण ज़रूरी है।"

"Control is essential for business as well as health."

"जो पाना चाहता है उसके लिए कन्ट्रोल प्राप्ति का ज़रिया है।"

"Control is the means of achievement- for those who want to achieve."

नियंत्रण का रिमोट कन्ट्रोल जिसके पास है, वो निरोग है। कन्ट्रोल एक ऐसी राह है जिस पर चलकर मनुष्य कामयाबी की मंज़िल प्राप्त करता है।

यही वो कन्ट्रोल है जिसके ज़रिये इन्सान महात्मा, पीर, ज्ञानेश्वर बनकर ईश्वर को पा लेता है।

अगर आज भी हम इस कन्ट्रोल को आज़माना चाहें, तो बहुत कुछ प्राप्त कर सकते हैं।

आज के दौर में 18 वर्ष से 22 वर्ष का लड़का क्या एक अच्छा बिज़नेसमैन बन सकता है? आप इस घटना से अन्दाज़ा लगा सकते हैं-

एक दिन मैं बस में सफर कर रहा था। मेरी आगे वाली सीट में बाईं तरफ दो यात्री बैठे थे- एक लगभग 19-20 वर्ष का लड़का और एक 35-40 वर्ष का आदमी। रास्ते में जब यात्री बस में चढ़ने लगे, तो 20 वर्षीय लड़के के हाथ से चढ़ने वाले यात्री का कुछ भारी सामान टकरा गया, जो उसने एक बोरे में लपेट रखा था। उसके टकराते ही वो एक दम ख़ामोश-सा हो गया और अपने हाथ को ज़ोर-ज़ोर से झटकने लगा। पर चढ़ने वाला यात्री उसे अनदेखा करके आगे बढ़ गया और चोट खाने वाले यात्री ने कुछ भी नहीं कहा।

यह देख मैं हैरान रह गया- आज के इस दौर में इतना कन्ट्रोल! अगर कुछ नहीं तो इतना तो कह सकता था- 'अरे भाई! देखकर तो सामान चढ़ाइए।' मगर उसने कुछ भी न बोलकर, मुझे हैरत में डाल दिया। मैं उसे देखकर सोचे जा रहा था।

कुछ ही देर में उसके बराबर में बैठा यात्री जैसे ही खड़ा हुआ, मैं वहाँ जाकर बैठ गया। मैं बैठते ही उसकी तरफ़ देखकर मुस्कुराया और हाथ मिलाते हुए बोला- "हैलो, सन्तोष, आई एम डा. फैज़।" वो मेरी तरफ़ देखता रहा और बोला- "सॉरी, डा. साहब मैंने आपको पहचाना नहीं।" मैंने मुस्कुरा कर जवाब दिया- "आप सही हैं, क्योंकि अब से पहले हमारी मुलाक़ात नहीं हुई।" तब उसने कहा- "तो आप मेरा नाम कैसे जानते हैं?" मैंने जवाब दिया- "उतरने वाले मित्र से आपका नाम सुना।" यह सुनकर सन्तोष मुस्कुराया। शायद उसकी उँगली में लगी चोट का दर्द भी उसे अब कम महसूस हो रहा था।

मैंने उससे पूछा- ''संतोष आप क्या करते हैं?'' उसने कहा- ''मैं बी. ए. का स्टूडेन्ट हूँ।'' मैंने कहा- ''कॉलेज के लड़के में गाँधी जी वाली अदा आज पहली बार देखी।" वो कहने लगा- ''मैं कुछ समझ नहीं पाया।" मैंने हाथ पर चोट लगने वाली बात पूछी तो कहने लगा- ''डा. साहब, यही गलती अगर आप से हुई होती और अगर मैं आपसे लड़ता और कुछ ही दिनों में कहीं ऐसा होता कि आपकी क्लीनिक में मुझे आना पड़ता तो उस वक्त कौन शर्मिन्दा होता?'' संतोष का जवाब मुझे बहुत ही पसन्द आया। यह सच्चाई है कि यात्री कौन, किस भेस में क्या होता है, पता नहीं चलता। यह बहुत ज़रूरी है कि यात्री को यात्री की इज़्ज़त करनी चाहिए।

मैंने संतोष से पूछा- ''संतोष तुम्हारी उम्र क्या है?'' संतोष ने अपनी उम्र 19 वर्ष बताई। मैंने उसकी तरफ़ नज़र भर देखा और सोचने लगा- हो न हो अच्छे माहौल में रहता है, माँ-बाप की अच्छी निगरानी, अच्छी शिक्षा होगी। मैंने संतोष से पूछा- ''संतोष तुम कहाँ रहते हो?'' संतोष ने बताया- ''मैं पालम साइड रहता हूँ।'' मैंने पूछा- ''आपके पिताजी क्या करते हैं?" कहने लगा- ''हमारी राशन की दुकान है, उसी में बैठते हैं।'' यानी किसी भी तरह से मुझे यह मालूम नहीं हुआ कि संतोष ने कन्ट्रोल की शिक्षा कहाँ से प्राप्त की। बातों-बातों में मैंने पूंछा- ''संतोष बी. ए. करने के बाद आपने क्या सोचा है?'' संतोष ने तुरन्त जवाब दिया- ''डा. साहब मैं एक बिज़नेस की ट्रेनिंग ले रहा हूँ, सप्ताह में एक दिन सिर्फ़ 2 घंटे के लिए।''

मैंने पूछा कि ये बिजनेस क्या है, कैसा है? कहने लगा-

''नेटवर्क मार्किटिंग- यहाँ पर सिर्फ़ प्रोडक्ट सेल करने का तरीक़ा ही नहीं, एक सम्पूर्ण शिक्षा भी दी जाती है। यहाँ पर जात-पात का भेद-भाव नहीं है, छोटा-बड़ा, अमीर-गरीब सब इसमें शामिल हैं। यहाँ भाईचारा और अच्छा स्वभाव- यह सबकुछ इस तरह से सिखाया जाता है- ऐसा लगता है मानो किसी फ़िल्म में कोई रोल कर रहे हों।'' उसकी बातें जो शुरू हुई तो बस होती चली गई।

यही वो संतोष है जिसके ज़रिये मैंने नेटवर्क मार्किटिंग के कई सेमिनार अटेन्ड किये।

वादा (Commitment)

वादे को पूरा करना एक अच्छे व्यापारी की निशानी है।

To fulfill Commitment is the sign of a good businessman.

एक व्यापारी के लिए यह ज़रूरी है कि वो अपने कार्य-क्षेत्र में जो भी वादा (commitment) करे, उसे पूरा करे- चाहे वो एक वर्कर से की गई हो या अपने आप से।

जैसे किसी को आपने कल मिलने का समय दिया है तो कल ही मिलें, न कि परसों। अगर आपने अपने आप से वादा किया है कि 'मुझे इस पोस्ट या पोज़िशन को हासिल करना है' तो आपको चाहिए कि उस पोज़िशन को प्राप्त करें। अगर आपने अपने व्यापार और समय से कमिटमेन्ट किया है तो आपको उसे पूरा करना है। अगर आपका ऑफिस टाइम 10 बजे का है तो आपको 10 बजे ही पहुँचना है। अगर आप 11 बजे पहुँचते हैं तो आप अपने कमिटमेन्ट से पीछे हट जाते हैं और फिर आपको मिलती है रुसवाई और नाकामयाबी।

कमिटमेन्ट पर आपको एक मशहूर व्यक्ति का उदाहरण दे रहा हूँ जिसने खुद से किया हुआ कमिटमेन्ट बख़ूबी निभाया।

ख़ुद से किया वादा (Self-Commitment)

थॉमस एडीसन- पूरा नाम थॉमस एलवा एडीसन था। अमेरिका में इस महान व्यक्ति का जन्म 1847 में हुआ था। थॉमस ने बचपन में ही अपने आप से कमिटमेन्ट (Self-commitment) किया था कि उसे बड़े होकर एक नामचीन व्यक्ति बनना है। यही वजह थी कि थॉमस स्कूल से आकर और बच्चों की तरह खेल-कूद में नहीं लगता था, बल्कि स्कूल से आता और अपने कमरे में जाकर कुछ न कुछ खोज करने लगता।

थॉमस हमेशा अपनी गहरी सोच में रहता। स्कूल के अध्यापक का कहना था कि थॉमस बड़ा ही शरारती लड़का है- वो कभी कुछ नहीं बनेगा। पर थॉमस की माँ, थॉमस पर पूरी नज़र रखती। थॉमस अपने कार्य में ऐसे खो जाता कि यह भी पता नहीं चलता कि माँ खाना कब रख गई। थॉमस अपने कार्य को इस तरह से करता कि उसे पानी तक पीने का ख़्याल नहीं रहता। थॉमस को अपने आप से किया कमिटमेन्ट हमेशा आगे बढ़ने को प्रेरित करता। थॉमस ने अपनी खोज के समय में बहुतों की जली-कटी भी सुनी और सहन किया

क्योंकि थॉमस को अपने ऊपर भरोसा था कि वो एक न एक दिन ज़रूर कामयाब होगा।

छोटी उम्र में थॉमस ने रेल-गाड़ियों में अख़बार बेचना शुरू कर दिया था। कुछ ही समय बाद वो कम्पनी में काम करने लगा, जहाँ पर उसने अपने हुनर और ज्ञान का चमत्कार दिखाया। जो मशीन कोई ठीक न कर सका, उसे उस छोटे से बच्चे ने कर दिखाया।

समय बीतता गया- थॉमस की खोज पक्की होती गई। थॉमस ने अपनी कम उम्र में ही एक कम्पनी खोली जिसमें बहुत से वर्कर काम करते थे। कम्पनी दिन-रात तरक़्क़ी करने लगी। यह देखकर कुछ लोग थॉमस से पूछ बैठे- ''थॉमस तुम्हारी कामयाबी का राज़ क्या है?

थॉमस ने बताया- ''मैं मज़दूरों को नौकर नहीं मानता, अपना साथी मानता हूँ।"

दूसरा राज़ है- "मैं वर्कर में ज़्यादा समय काम करता हूँ, आठ घंटे वर्कर के साथ, चार घंटे अकेला। मुझे देखकर वर्कर भी दो घंटे ज़्यादा काम करते हैं।''

एक दिन ऐसा भी आया-- जब यही थॉमस, दुनिया भर में मशहूर हो गया। थॉमस ने अपने आपसे किया कमिटमेन्ट पूरा कर दिखाया। बिजली की खोज तो पहले ही हो चुकी थी पर उसका प्रयोग थॉमस ने किया- बल्ब और पंखे का आविष्कार करके।

यही वो थॉमस है, जिसने ग्रामोफोन (Gramaphone) भी बनाया। पहले सिनेमा में केवल चलती-फिरती तस्वीरें ही होती थीं, उनमें आवाज़ नहीं होती थी। उनमें आवाज़ भरी थॉमस ने। टाइपराइटर (typewriter) और टेलीफोन (telephone) को भी उन्होंने अधिक उपयोगी बनाया।

थॉमस एडीसन अपने कमिटमेन्ट को पूरा करके लोगों को एक ऐसा तोहफ़ा देकर गये जिसे हम कभी नहीं भूल सकते। 1931 में थॉमस इस जगमगाती दुनिया को हमारे हवाले करके उस दुनिया में चले गये जहाँ से कोई नहीं लौटता।

थॉमस एडीसन की तरह अगर हम खोज नहीं कर सकते, तो उनकी तरह अपने आपसे कमिटमेन्ट करके अपनी मंज़िल तक ज़रूर पहुँच सकते हैं।

दूसरों से किया वादा (Commitment with Others)

व्यापार की दुनिया हो या भाईचारे और दोस्ती की- हर क्षेत्र में वादे की बड़ी अहमियत होती है। चाहे एक नेटवर्कर अपने नेटवर्क से वादा करे या एक बॉस अपने वर्कर से। क्योंकि कमिटमेन्ट से व्यापार की दुनिया क़ायम है- लेना-देना, आना-जाना इत्यादि।

ये सब कमिटमेन्ट पर निर्भर है। अगर आप किसी से कमिटमेन्ट करते हैं और समय पर उसे पूरा नहीं करते तो आपकी कोई क़दर नहीं- न तो व्यापार की दुनिया में, न ही दोस्ती की दुनिया में। इसका मैं आपको उदाहरण दे रहा हूँ-

एक बार पैग़म्बर मोहम्मद साहेब बाज़ार जा रहे थे। एक व्यक्ति ने मोहम्मद साहेब से कहा- "आप पर हमारी जानें कुर्बान- मेरा अरमान है कि मैं भी आपके साथ बाज़ार जाता। अगर आप इजाज़त दें तो क्या मैं आपके साथ बाज़ार चल सकता हूँ।"

मोहम्मद साहेब ने अपने साथ बाज़ार ले जाने का वादा कर लिया। उस व्यक्ति ने मोहम्मद साहेब से कहा- "मैं बस अभी घर गया और अभी आया।" मोहम्मद साहेब ने कहा- "ठीक है, मैं इन्तज़ार कर रहा हूँ- जब तक तुम नहीं आओगे, मैं बाज़ार नहीं जाऊँगा।" वो व्यक्ति अपने घर पहुँचा, तो पारिवारिक उलझनों में यह भूल गया कि उसने मोहम्मद साहेब से बाज़ार जाने का वादा किया था। उधर मोहम्मद साहेब उसका इन्तज़ार करते रहे, उसी जगह जहाँ पर उन्होंने वादा किया था।

जब तीसरा दिन हुआ तो उसे याद किया- कि "हाय! मैंने तो बहुत बड़ा पाप किया। मैंने तो अल्लाह के रसूल- मोहम्मद साहेब से वादा किया था, बाज़ार जाने का।" वो घबरा कर घर से दौड़ा- दौड़ा मोहम्मद साहेब के पास पहुँचा तो देखा कि आप वहीं खड़े, इन्तज़ार कर रहे थे। आप उसे देखकर मुस्कुराये और कहने लगे- "मैं अब तक तुम्हारा ही इन्तज़ार कर रहा था।"

वो व्यक्ति बहुत ही शर्मिन्दा हुआ और पछताने लगा। मोहम्मद साहेब ने कहा- "अगर किसी से वादा करो तो उसे पूरा करो। वादा करके जो नहीं निभाता, वो मुनाफिक़ (झूठा, इन्कार करने वाला) है, जिसकी समाज में और धर्म में कोई जगह नहीं।"

वादे की अहमियत (Commitment Value)

दोस्तों, वादे की अहमियत क्या होती है, आप इस उदाहरण से अन्दाज़ा लगा सकते हैं-

नेटवर्क मार्किटिंग में एक सीनियर ने अपनी टीम में शामिल करते हुए एक डिस्ट्रिब्यूटर से कहा, "मैं आपसे वादा करता हूँ- आप दिन-रात मेहनत करके प्रोडक्ट बिक्री करें। अगर आपने जल्द हमारी कम्पनी के प्रोडक्ट की बिक्री और सेवाओं की शिक्षा हासिल कर ली और अच्छी तरह से रेक्मेन्ड करना सीख लिया, तो सबसे पहले आपको सिल्वर डिस्ट्रिब्यूटर की पोस्ट दिलवाऊँगा।" उस नये डिस्ट्रिब्यूटर ने जल्द ही नेटवर्क मार्किटिंग की शिक्षा हासिल कर ली और दिन-रात मेहनत करके उसने अपना कमिटमेन्ट पूरा कर दिया।

पर जब वक़्त आया सिल्वर डिस्ट्रिब्यूटर बनाने का तो किसी और को बना दिया गया, जो किसी भी तरह से इस पोस्ट के लायक नहीं था। यह देखकर उसका दिल टूट गया और एक दिन वो भी आया जब वो कम्पनी से दूर हो गया। उसके दूर होते ही सीनियर को बहुत बड़ा नुकसान हुआ- जहाँ उस डिस्ट्रिब्यूटर की मेहनत (efforts) से वो सीनियर कम्पनी की ज़ीरो पोज़िशन में आ गया। उसे भी मजबूरन कम्पनी से हाथ धोना पड़ा।

प्रशंसा करना (Compliment)

जब आप अपने कार्य-क्षेत्र में अपने साथी, वर्कर या सीनियर को-- उन्हें खुश करने के लिए, कॉमप्लिमेंट देते हैं तो खुशी के दो भाग हो जाते हैं। एक तो वह व्यक्ति खुश हो जाता है दूसरा जिसकी आपने प्रशंसा की, उस व्यक्ति की नज़र में आपकी इज़्ज़त और चाहत बढ़ जाती है। याद रखें प्रशंसा एक बेहतरीन ज़रिया है लोगों को क़रीब लाने का।

आज के नये ज़माने में कॉमप्लिमेन्ट का प्रयोग इस तरह लोग करते हैं जैसे ड्रेस के लिए परफ्यूम।

एक बार मैंने एक पार्टी को अटेन्ड करने के लिए जीन्स और व्हाइट शर्ट पहनी। जीन्स पैन्ट मैंने अपनी ज़िन्दगी में पहली बार पहनी थी। पार्टी में मुझे एक दोस्त मिला जो देखते ही बोला- "क्या बात है डा० साहब, आज तो आप बहुत ही स्मार्ट नज़र आ रहे हैं।"

जब मैं तैयार होकर पार्टी के लिए आ रहा था यही शब्द मेरी पत्नी ने भी मुझसे कहे थे– यूँ समझिये मेरे अन्दर एक नई तरंग-सी आ गई और मैं अपने आपको पहले से ज़्यादा स्मार्ट महसूस करने लगा।

"प्रशंसा एक जादू है जो फौरन असर करता है।"

जिज्ञासा पैदा करना (Curiosity)

Curiosity क्या है? किसी के अन्दर जिज्ञासा पैदा करने को ही क्यूरिऑसिटी कहते हैं। व्यापारी ग्राहक में जिज्ञासा कई प्रकार से उत्पन्न करते हैं, जैसे- प्रचार करके आकर्षक स्लोगन द्वारा, डायरेक्ट ग्राहक से वस्तु की तारीफ़ करके और प्रोडक्ट की आकर्षक पैकिंग द्वारा।

उदाहरण के लिए-

एक अख़बार वाला ज़ोर-ज़ोर से आवाज़ लगा रहा था- "आज का पेपर पढ़ो- आज पेपर में वो है जो पहले कभी न था।" यह सुनकर एक व्यक्ति ने कहा- "अरे भई, आज क्या है?" उसने मुस्कुराकर जवाब दिया- "आप पढ़कर देखिये।"

उस व्यक्ति के पेपर खरीदते ही आस-पास के सभी लोगों ने पेपर ख़रीदना शुरू कर दिया। इतने में उस व्यक्ति ने जल्दी-जल्दी अख़बार पढ़ लिया और बोला, "इसमें कहाँ ऐसी कोई ख़बर है?" उस हॉकर ने कहा- "आपने पढ़ा नहीं, काजोल की शादी अजय देवगन से हो गई- क्या यह आपने कल पढ़ा था"- सब हँस पड़े।

यह सच है कि हर दिन अख़बार में कुछ नया होता है पर उस हॉकर के बोलने के अन्दाज़ ने लोगों को क्यूरिअस (curious) कर दिया, इस तरह भी लोगों में जिज्ञासा पैदा की जाती है-

आज प्रचार की दुनिया वाले इस क़दर दृष्टिहीन हो गये हैं कि वो ये नहीं देख पा रहे हैं कि टी. वी. देखने वाले सारे उनके जैसे नहीं हैं। आज भी हिन्दुस्तान में मान-मर्यादा बाक़ी है- आज भी बेटा पिता को देख सिगरेट बुझा देता है, चाहे उसकी उम्र 40 वर्ष की ही क्यों न हो, पर टी. वी. में आये दिन दिये जा रहे प्रचार हमारी तहज़ीब को सरेआम नीलाम कर रहे हैं न कोई रोकने वाला न टोकने वाला, मानो बस गूँगे बहरों की दुनिया है जहाँ बस जिये जाओ- न कुछ सुनो, न कुछ बोलो।

अगर सामान की बिक्री ऐसे ही प्रचार द्वारा होती है और इसमें थोड़ी-भी सच्चाई है तो अगले 20 सालों में प्रचार की दुनिया इतनी गिर जाएगी कि उनके मॉडल्स के तन पर एक इंच कपड़ा भी नसीब न होगा और हर प्रोडक्ट पर बेशर्मी की मोहर लगी होगी। बेहयाई और बेशर्मी की हद पार कर चुके हैं ये टी. वी. प्रचार- कहीं पर्फ़्यूम के प्रचार में, तो कहीं अन्डर- गारमेन्टस के प्रचार में, तो कहीं गर्भ-निरोधक उपचारों के प्रचार में- ये क्यूरिऑसिटी नहीं, एक वेश्यापन दर्शाता है। ये उत्पाद की जानकारी नहीं देता बल्कि हमारी मासूम नस्ल को बेहयाई की दल-दल में खींच रहा है- उन्हें ऐसा ज्ञान प्रदान कर रहा है जिससे कोई भी तहज़ीब शर्मिन्दा हो जाये।

''यही है विनाश की राह, न कि व्यापार की राह।''

इससे तो बेहतर है नेटवर्क मार्केटिंग डायरेक्ट सेलिंग, जहाँ माँ जी, भाई जी और बहन जी कहकर अपने सामान की तारीफ़ करते हैं और अपनी मेहनत को दिखाकर सामान बेच जाते हैं।

आये दिन अख़बारों में गुप्त रोग के प्रचार के लिए तस्वीरें साथ ही भद्दी का प्रयोग और अख़बारों में औरतों की अश्लील तस्वीरें दी जा रही हैं तथा गुप्तरोग उपचार का भद्दे तरीके से प्रचार किया जाता है। क्या आज लोगों के दिमाग़ में यह बात बैठ गई है कि औरतों की बातें और औरतों को प्रचार में लाना और उनका अंग-प्रदर्शन करना ही असल में प्रचार की हक़ीक़त है जो दिलों को छू जाती है?

ऐसे गंदे ख़्यालातों को ख़त्म करने के लिए भारत को महान आत्मा वाले व्यक्तियों की ज़रूरत है ताकि इन सबको सरकार से अनुरोध करके- ऐसे शब्दों पर जो इन्सानी हवस को शक्तिवान बना देते हैं, ऐसी तस्वीरों पर, और ऐसे प्रचार पर रोक लगवाई जाये। तब हमारा हिन्द कहलायेगा- भरत का भारत, राम का भारत। तब कहलायेगा- 'मेरा भारत महान'!

कुछ लोगों का क्यूरिअस करने का अन्दाज़ ही निराला है चाहे वो नेटवर्क मार्किटिंग हो या परम्परागत मार्किटिंग। पहले ऑफर देते हैं साथ ही खूबसूरत विज़िटिंग कार्ड जिस पर कई न० होते हैं पर काम एक या दो ही न० करते हैं बाकी बन्द रहते हैं।

अगर इन दो न० पर उनके दिये हुए समय पर फ़ोन करते हैं तो कोई अन्य व्यक्ति जवाब देता है- ''सर अभी बिज़ी हैं, अभी मीटिंग में हैं, अभी

आउट ऑफ स्टेशन हैं, आप दो दिन बाद फ़ोन करें वगैरह।'' जब बात हो जाती है और मिलने का समय दे दिया जाता है तो जनाब 30 मिनट देरी से पहुँचते हैं।

ऐसा वो इसलिए करते हैं कि ये बेचारे इसी को क्यूरिअस करना समझते हैं। वे समझते हैं ऐसा करने से सामने वाले के अन्दर जिज्ञासा पैदा होगी और उनकी नज़र में मेरी इज़्ज़त (position) बढ़ेगी, पर उनका ये नज़रिया बिल्कुल गलत है। इसे क्यूरिऑसटि नहीं, छिछोरापन कहते हैं- जो लूट-खसोट करने वालों में कूट-कूट कर भरा होता है।

एक अच्छा शिक्षित इन्सान ऐसा नहीं करेगा क्योंकि उसे समय की क़ीमत मालूम होती है।

सब्र (Patience)

आज के दौर में अक्सर लोगों को सब्र का अर्थ नहीं पता। सब्र किसे कहते हैं, आख़िर सब्र से क्या मिलेगा?

आज के इस तेज़ी से चलते हुए दौर में लोगों की इच्छा यही रह गई है कि जो हो अभी हो, जो करो अभी, जो मिले अभी। इस 'अभी' ने इन्सान को कई गुमनाम राहों पर चलने को मजबूर कर दिया है। यही जल्द है जो लोगों को नाकारा, विद्रोही बना देता है; दोस्ती से दुश्मनी, इत्तफ़ाक से नाइत्तफ़ाकी पैदा कर देता है।

कल का दौर था या आज का दौर हो, सब्र एक ऐसा नीर है जो हर समय की प्यास बुझाता आया है।

सब्र बहुत ज़रूरी है हमारे लक्ष्य के लिए। अगर हम कामयाब होना चाहते हैं तो हर मोड़ पर हमें सब्र का सहारा लेना ही होगा। मैं आपको इसका एक उदाहरण दे रहा हूँ-

सब्र से जीत

शहर मदीना में एक बूढ़ी औरत रहती थी। एक शख़्स (व्यक्ति) उसकी गली से रोज़ निकला करते थे। वो शख़्स लोगों से मिलते और लोगों को अच्छे काम करने और रब पर विश्वास रखने को कहते। वो बूढ़ी औरत उस व्यक्ति से नफ़रत करती थी। उसने उस व्यक्ति पर रोज़ कूड़ा फेंकना शुरू कर दिया ताकि वे उस गली से न गुज़रा करें। पर उस शख़्स ने सब्र किया और कुछ

भी जवाब न देकर अपने मामूल (नियम) के मुताबिक़ उस गली से रोज़ गुज़रते रहे और इस अपमान को सहन करते रहे।

दिन गुज़रते गये। एक दिन उन पर जब कूड़ा नहीं गिरा तो उन्होंने वहीं एक व्यक्ति से पूछा- "क्या बात है यहाँ पर एक बूढ़ी औरत मुझ पर जो कूड़ा डालती थी, आज वो दिखाई नहीं दी?" उस व्यक्ति ने बताया कि वो बीमार है। यह सुनकर वो शख़्स उस बूढ़ी औरत के घर पहुँचे। बूढ़ी औरत उस शख़्स को देखकर घबरा गई कि 'कहीं ऐसा तो नहीं वो मुझसे बदला लेने आया हो।' वो शख़्स उसके क़रीब गये और पूछा, "आप कैसी हैं" पर वो कुछ बोल नहीं पाई। उन्होंने हाथ से छूकर देखा तो बहुत तेज़ बुखार था। उसी समय वे हक़ीम से दवा लाये और बूढ़ी औरत को पिला दी।

इसी तरह से कई दिन तक वे बूढ़ी औरत की सेवा करते रहे जब तक कि वो ठीक नहीं हो गई। उस बूढ़ी औरत के समझ में नहीं आ रहा था कि वो उस शख़्स का शुक्रिया किस तरह से अदा करे, जिसका वो कूड़ा डालकर रोज़ अपमान करती थी। उसे अपने आप पर शर्म आ रही थी।

वो उस शख़्स के क़दमों में गिर कर माफ़ी माँगने लगी। उस दिन से वो बूढ़ी औरत अच्छी राह पर चलने लगी। ये उस शख़्स के लिए सबसे बड़ा इनाम था।

ये महान हस्ती- पैग़म्बर मोहम्मद साहेब थे। उनका संदेश आपस में प्रेम-भाव रखने का था। उन्होंने लोगों को अच्छाई से बुराई को खत्म करने की प्रेरणा दी और सब्र की ताक़ीद (विशेष बल देना) की।

"रब सब्र करने वाले के साथ है।"

"God is with one, who keeps patience."

Patiece का दूसरा उदाहरण गांधी

महात्मा गांधी से यह नाम चला आ रहा है।

इस गांधी ने हिन्दुस्तान के लिये क्या किया, क्या नहीं; ये आप लोग भी बेहतर जानते हैं। आज तक गांधी नाम से जिसने भी हमारे मुल्क में राज किया, उसका एक ही नारा था जो इंदिरा गांधी जी ने अपनी आख़री स्पीच में कहा था-

"मेरे जिस्म के ख़ून का हर एक क़तरा हिन्दुस्तान के लिए है।"

"Each and every drop of my blood is for my nation."

शायद यह हक़ीक़त भी है। इंदिरा के बाद राजीव, उसके बाद गांधी नाम को मौक़ा नहीं मिला, इसी मौक़े को प्राप्त करने के लिए पिछले 11 वर्षों से रात-दिन एक करने वाली एक महिला जिसने लोगों की वो बातें भी सुनी जो साधारण से लोग नहीं सुन पाते पर अपनी राह पर वह हिम्मत से चलती रहीं। चारों ओर अन्धेरा ही अन्धेरा था, कहीं दूर तक कोई चिराग़ रौशन नहीं था- बस वो थीं और साथ में दूर तक फैला हुआ अन्धेरा। कहीं ठोकर भी लगी तो उफ़ भी नहीं की, कहीं काँटा भी चुभा तो आह भी नहीं निकली। ये अन्धेरे का सफ़र उन्हें ऐसी-ऐसी राहों, गलियों, उन मोड़ों से लेकर गुज़रा, जहाँ पर पहुँचने की उन्होंने कल्पना भी नहीं की थी।

पत्थरीली राह पर चलना कितना आसन होता है कोई पूछे उस शख़्सीयत से! पर एक सब्र जिसने हर दुश्वारी को सहन करना आसान कर दिया था। अपनी पेशन्स, पर्सिस्टेन्स से आज उन्होंने वो मुक़ाम हासिल कर लिया और उसके बाद जो दूर तक फैला हुआ, अन्धेरा था वो भी सुबह के ख़ूबसूरत नज़ारों में बदल गया। इस मुक़ाम को पाने के लिए इतने समय तक मुश्किलों का सामना करने वाली शख्सियत हैं- श्रीमती सोनिया गांधी- जो आज गांधी परिवार की सिंहासन 119 वर्ष पुरानी कांग्रेस पार्टी की अध्यक्ष (President) हैं।

सोनिया, गांधी परिवार की वो शमा हैं जिनकी पैदाइश (जन्म) 9 दिसम्बर 1946 में इटली के टूरिन से 80 कि. मी. दूर ओवासांजो नामक गाँव में हुई थी और फरवरी 1968 में भारत के सबसे प्रसिद्ध गांधी परिवार से जुड़ीं। स्वर्गवासी श्रीमती इंदिरा गांधी के सुपुत्र राजीव गांधी से इनका विवाह हुआ।

सोनिया मायनो स्टेफ्नो मायनो (Stefano Maino) की नूरे नज़र (daughter) हैं जो ब्रिटेन के नामी विश्वविद्यालय कैम्ब्रिज में पढ़ रही थीं। सन् 1960 में राजीव गांधी से उनकी मुलाकात हुई। दोनों उसी विद्यालय में पढ़ते थे।

इंदिरा जी अपनी बहू-सोनिया से बेहद खुश थीं। सोनिया जी हमेशा राजनीति से दूर रहीं- इंदिरा जी के बाद राजीव का राजनीति में आना सोनिया जी को गवारा न था। उन्हें डर था- कहीं ज़िन्दगी की राह में राजीव उन्हें अकेला न छोड़ दें, और ऐसा ही हुआ- एक दिल दहला देने वाला मंज़र राजीव को उस दुनिया में ले गया जहाँ से कोई वापस नहीं लौटता।

उस मंज़र ने सोनिया जी की सितारों से भरी दुनिया वीरान ही कर दी। चारों ओर अन्धेरा छा गया। मुस्कुराहट किसे कहते हैं, इसका भी पता न था। सब्र का दामन थामे सोनिया जी धीरे-धीरे अपने क़दम बढ़ाती रहीं और 1998 में सक्रिय राजनीति से जुड़ीं और बहुत ही कम समय में 119 वर्ष पुरानी कांग्रेस पार्टी को नये मुक़ाम पर पहुँचाया।

जो कोई अपनी मेहनत को सच्चाई से करता है, उसकी हमेशा जीत होती है 'सत्यमेव जयते'

मगर शर्त यह है कि उसमें Patience+Persistence+Power (will power)+Passion होना चाहिए।

डटे रहना (Persistence)

परसिस्टेन्स (Persistence)अपनी भूमिका में डटे रहना है। परसिस्टेन्स कामयाबी हासिल करने का एक औज़ार है जिसके द्वारा हर शख़्स विजय हासिल करता है। अगर परसिस्टेन्स के बग़ैर कोई विजय प्राप्त करना चाहता है तो यें, ना मुमकिन होगा।

इसका मैं आपको एक उदाहरण दे रहा हूँ-

एक व्यक्ति नेटवर्क मार्किटिंग कम्पनी में काम करना चाहता था। उसने कम्पनी ज्वॉइन करने से पहले अपने भाई से पूछा जो एक एडवोकेट था। उसके भाई ने साफ़-साफ़ मना कर दिया और बोला- "यह कार्य बिल्कुल ग़लत है। यह धन्धा लोगों को लूटने का है, इसमें तुम्हारी कामयाबी नहीं, तुम कुछ और करो।" अपने पिता से पूछा, तो पिता ने भी मना कर दिया। माँ से पूछा तो माँ कहने लगी, "इस कार्य को करने के लिए कितने रुपये चाहिए?" बेटे ने कहा, "कुछ नहीं माँ, इसके लिए एक इन्वर्टर ख़रीदना होगा, बस फिर मैं यह कार्य कर सकता हूँ। पहली बार इन्वर्टर तो मार्किट के भाव ख़रीदना होगा, फिर हमेशा जितने भी प्रोडक्ट मैं सेल करूँगा, उस पर मुझे 25 प्रतिशत से 40 प्रतिशत छूट मिलेगी।" माँ ने कहा, "इन्वर्टर तो वैसे भी चाहिए था।" माँ ने पैसे दे दिये।

उस व्यक्ति ने कम्पनी ज्वॉइल कर ली और फिर क्या था- वो अपने सारे दोस्तों के पास जा-जाकर थक गया पर कोई दोस्त इन्वर्टर ख़रीदने के लिए तैयार नहीं हुआ।

वो व्यक्ति एक दिन मुझे पालिका बाज़ार में मिल गया। मुझे देखकर बहुत खुश हुआ और बोला- "डा० साहब आप तो ईद के चाँद हो गये। दोस्तों के लिए भी थोड़ा समय निकालिए।" मैंने मुस्कुरा कर जवाब दिया, "हाँ-हाँ, क्यों नहीं।" फिर हम दोनों रीगल सिनेमा के पास कॉफी हट पहुँचे। वहाँ पहुँचकर उसने अपनी समस्या बताई और कहने लगा, "आज तीन महीने हो गये, मैं एक भी प्रोडक्ट सेल नहीं कर पाया। जिसके पास भी जाता हूँ, वही बहाना-सा कर देता है।" मैंने उसकी बातों से यह पता लगा लिया था कि वो इसके अलावा कुछ और करना भी नहीं चाहता। मैंने उसे तसल्ली दी और कहा, "आप लोगों के पास न जाकर कुछ दिन अपनी कम्पनी में जायें और एजुकेशन क्लास लें। उसके बाद मेरे पास आयें, फिर कोई रास्ता निकालेंगे।"

उसने ऐसा ही किया। दो महीने के बाद वो फिर आया और बोला- "अब आप बतायें।" मैंने उसे कहा, "आप ऐसे लोगों से मिला करो जो आगे बढ़ना चाहते हों, जिनमें कुछ करने की इच्छा हो।" वो बोला, "यह कैसे पता चलेगा?"

मैंने बताया कि आप FORM को प्रयोग करें:-

F- FAMILY उसका परिवार कैसा है

O- OCCUPATION वो क्या काम करता है

R- READY वो कुछ और करने के लिए तैयार है

M- MONEY उसकी आर्थिक स्थिति कैसी है

इस FORM को इस तरह से प्रयोग करो। तुम जब भी किसी शख़्स को उदास या ख़ामोश या फ़िक्रमन्द देखो तो उससे बात करो। पहले उसका नाम पूछो, फिर पूछो कि उसके माता-पिता, भाई-बहन क्या करते हैं, वो खुद क्या करता है, क्या वे कुछ और करने के लिए तैयार है, क्या जो काम वो खुद कर रहा है, उससे तुम्हारा कार्य अच्छा है, क्या उसके पास आपके साथ नेटवर्क मार्किटिंग में कार्य करने के लिए प्रोडक्ट ख़रीदने लायक पैसा है?

ये सब आपको बातों-बातों में जानना होगा। अगर परिवार के बारे में सब ठीक बताया- कोई बीमार नहीं, कोई परेशानी नही, और काम भी कोई खास नहीं और वो कुछ और करने के लिए तैयार है अगर उसके पास थोड़ा-बहुत

पैसा भी है, कुछ कर गुज़रने की हिम्मत भी, तो उससे दोबारा मिलने की बात करो और अपना विज़िटिंग कार्ड उसे दे दो।

उसे यह तरीका पसन्द आया और ख़ूब दिल लगाकर, उसने इस FORM को इस्तेमाल करना शुरू कर दिया- राहों में, गलियों में, बसों में, बाजारों में- हर जगह।

...और फिर कुछ ही दिनों में वो अपने आपको कामयाब समझने लगा और एक दिन वो मेरे पास गिफ़्ट लेकर आया और बोला- ''सर मैं गोल्ड डिस्ट्रिब्यूटर बन गया।'' मैंने गिफ़्ट देखा तो क़ीमती था। मैंने कहा- ''इतना क़ीमती।'' उसने जवाब दिया, ''आपसे ज़्यादा नहीं।'' मैंने पूछा, ''अब आपकी आमदनी कितनी होगी?'' कहने लगा- ''25-30 हज़ार रु० प्रति माह और जल्द ही मेरा प्रमोशन भी हो जाएगा।''

आज वो जो कुछ भी है मेरे कहने पर नहीं, बल्कि उसके परसिस्टेन्स का ही ये इनाम (reward) है।

आज वही दोस्त जो पहले मज़ाक उड़ाते थे, जिन्होंने साथ नहीं दिया था, वही आज उसके आगे-पीछे घूमते हैं। मैं उन्हीं लोगों से कहना चाहता हूँ कि वो लोग भी अपने दोस्त से कुछ सीखें।

"परसिस्टेन्स एक कुन्जी है कामयाबी की।"

"Persistence is a key to Success."

Persistence का दूसरा उदाहरण एक गरीब माँ

एक शहद बेचने वाली महिला, जो शहद बेचकर अपने घर का गुज़ारा करती थी, हर रोज़ सुबह निकलती, अलग-अलग गाँवों में जाती और शाम को शहद बेच क़र लौट आती। शहद बेच कर जो भी वो कमाती, उसी से अपने बच्चों की परवरिश करती।

एक दिन रोज़ की तरह सुबह निकली। उसने सोचा- 'बहुत दिन हो गये हैं, उस गाँव में नहीं गयी। आज उसी गाँव में चलूँ।' वो शहद बेचने वाली उस गाँव में पहुँची। गाँव बहुत बड़ा था। सारे गाँव में वो फिरती रही, पर किसी ने शहद नहीं लिया। उस गाँव से निकली और दूसरे गाँव में जा पहुँची। वो गाँव भी इसी की तरह बड़ा था, पर वहाँ भी किसी ने शहद नहीं खरीदा। उस गाँव से भी निकल कर वह एक पेड़ के साये तले बैठी सोचने लगी- 'इतनी गरमी पड़ रही है। आज तो किसी ने शहद ख़रीदा ही नहीं; रात को बच्चों को खाने के लिए क्या दूँगी।' शहद बेचने

वाली से चला भी नहीं जा रहा था। वो दो बड़े गाँव का चक्कर लगाकर बहुत थक गई थी। उसने थोड़ी हिम्मत की। उसने वहीं एक और गाँव में जाने का फैसला किया। वो उस गाँव में पहुँची और सारे गाँव में आवाज़ लगाती रही पर किसी ने शहद नहीं ख़रीदा। अब तो भूख-प्यास से उसका बुरा हाल हो गया था, पर शाम की फ़िक्र भी उसे खाये जा रही थी। वहीं एक नल से पानी पिया और एक नज़र आसमान की ओर डाली, फिर एक और गाँव की ओर चल पड़ी। उस गाँव में जाते ही व्यक्ति एक ने उससे शहद देखने को माँगा। उसने तेज़ी से शहद निकालकर दिखाया। उस व्यक्ति ने उससे पूछा, "शहद असली है या नकली?" वो जवाब देते हुई बोली, "बाबू जी शहद असली है, आप खुद ही जाँच कर लें।" उस शख़्स ने थोड़ा-सा शहद अपने हाथ में लिया और चखकर कहने लगा- "ये शहद तो बहुत मीठा है, इसमें चीनी मिलाकर लाई है- लोगों को बेवकूफ बनाती है।" उस शहद बेचने वाली ने कहा, "बाबूजी शहद तो मीठा होता ही है, आप लें या न लें पर आप को शहद के बारे में कोई जानकारी नहीं है, वरना आप असली शहद को नकली नहीं कहते।" आखिरकार उस व्यक्ति ने शहद तो नहीं खरीदा पर उस बेचारी का समय जरूर बर्बाद किया।

अब शाम होने को आई थी। उसे अपने घर भी लौटना था, पर उसने सोचा- 'घर तो जाना ही है, क्यों न आगे वाले गाँव में होते हुए चलूँ।' उसने ऐसा ही किया। जैसे ही उस गाँव में वो पहुँची, एक बूढ़े व्यक्ति ने उसे आवाज़ दी। वो उसके पास पहुँची तो उस व्यक्ति ने शहद देखने को माँगा। उसने शहद दिखा दिया। बूढ़े व्यक्ति ने शहद को हाथ में लेकर उँगली से चैक किया, उसकी सुगन्ध ली, फिर मुस्कुराते हुए बोला- "दो किलो दे दो।" इतना सुनना था कि उसकी जान में जान आ गई और जल्दी से दो किलो शहद तोलकर दिया। और वहाँ से रुपया लेकर आगे बढ़ी तो एक व्यक्ति ने और शहद माँगा। इस तरह उसका सारा शहद बिक गया और वो खुशी-खुशी घर जा पहुँची।

आत्मविश्वास मुक़द्दर (तक़दीर) के सहारे
(Power /Will Power)

दोस्तों मुक़द्दर और आत्मविश्वास में क्या फ़र्क़ हैं, आप इस उदाहरण से जान सकते हैं।

बहुत पहले की बात है- हमदर्दी और प्यार–मोहब्बत- एक सत्य का दौर था। मुल्क फ्रांस में एक बड़ा ही दयालु राजा राज कर रहा था। उसी के राज्य में एक नाबीना (अन्धा) रहता था। उसका कोई नहीं था, वो बेसहारा था। लोग उस पर तरस खाकर रोटी खिला दिया करते थे। एक दिन राजा की नज़र इस नाबीने पर पड़ी। राजा को बड़ा तरस आया। राजा ने अपने सिपाही को हुक्म दिया- "इस नाबीने को न्याय दरबार में हाज़िर किया जाये।" राजा के हुक्म अनुसार नाबीने को न्याय दरबार में हाज़िर किया गया। राजा ने नाबीने से पूछा, "क्या इस दुनिया में तुम्हारा कोई अपना नहीं जो तुम्हें रोटी-कपड़ा दे सके?" नाबीने ने कहा, "नहीं, बस लोगों की हमदर्दी पर पल रहा हूँ।" राजा ने दूसरा सवाल किया- "क्या तुम्हारा दिल चाहता है कि तुम्हारे पास बहुत सारा पैसा हो, नौकर-चाकर हों?" नाबीने ने जवाब दिया, "चाहता तो है पर क्या फ़ायदा जो कभी होना नहीं उसे क्यों सोचें। एक रोटी मिल जाये, वही बहुत है।" राजा ने तीसरा सवाल किया- "मैं चाहता हूँ कि तुम मेरी तरह राजा बन जाओ और राजगद्दी पर बैठो।"

नाबीने ने कहा, "ऐसा मेरी तक़दीर में कहां।" राजा ने कहा, "ऐसा हो सकता है अगर तुम चाहो।" नाबीने ने पूछा, "वो कैसे?" राजा ने एक शर्त रखी, जो बहुत ही आसान थी। राजा ने कहा- "देखो मेरा एक प्रजा-हॉल है जो बहुत बड़ा है और तुम्हारे सर की तरह गोल है। उसके चारों ओर दरवाज़े बने हैं। दरवाज़े एक कम सौ- 99 हैं। इन दरवाज़ों में से एक दरवाज़ा खुला होगा। तुम्हें यह मौका दिया जाता है कि तुम दीवार के सहारे निकास रास्ते से बाहर होकर आधा राज्य प्राप्त कर सकते हो।"

राजा की इस शर्त से नाबीना ही नहीं, बल्कि सारी प्रजा, सिपाहसालार सब हैरत में पड़ गये। नाबीने को तीन राउन्ड का मौका दिया गया, इसलिए कि राजा उसे भी अपनी तरह ख़ुश देखना चाहता था। नाबीने को प्रजा-हॉल में छोड़ दिया गया। नाबीना दीवार के सहारे चलता रहा। जब निकास गेट आया तो उसे जमाई आ गई जिसके कारण उसने मुँह पर हाथ रख लिया और आगे बढ़ गया।

फिर दूसरे चक्कर में निकास गेट आया तो सर खुजाने लगा और आगे बढ़ गया अब तो नाबीने को अपनी तकदीर पर भरोसा हो गया कि उसकी तकदीर में अगर राज-पाठ होता तो वह अन्धा न होता। बस, फिर क्या था- चलते-चलते बैठ गया, नाबीना थक भी गया था। राजा ने उसके लिए अंगूर का शर्बत मँगवाया। उसे पिलाया और उससे आगे बढ़ने को कहा। नाबीने ने आगे बढ़ने से इन्कार कर दिया और कहा- "मेरी तक़दीर में राजा बनना नहीं लिखा।" राजा ने उसे कहा- "अपने अन्दर यक़ीन- विश्वास पैदा करो तुम बाहर निकल सकते हो।" पर नाबीना अपनी बात पर अड़ा रहा। राजा ने उसे तीन बार आगे बढ़ने को कहा पर नाबीना आगे न बढ़ा। जहाँ आकर वो रूका था उसके आगे वाला गेट ही निकास गेट था। राजा ने अपने हाथ से उसे खड़ा किया और दो क़दम चल कर उसे कहा यही गेट था जिससे तुम्हें निकलना था। नाबीना यह देख- बहुत पछताया।

दोस्तों यह उदाहरण उनके लिए है जिनमें आत्मविश्वास की कमी है। ये लोग अक्सर मंज़िल पर पहुँचकर वांपस हो जाते हैं। यही वो लोग हैं जिनको अपने ऊपर कम और तक़दीर पर ज़्यादा भरोसा होता है मगर ये लोग यह नहीं जानते कि तक़दीर बनाने वाला भी उसी का साथ देता है जो खुद पर भरोसा रखता हो।

किसी ने सच कहा- 'हिम्मते मर्दां मददे खुदा।'

रब उसी का साथ देता है जो खुद पर यक़ीन और हिम्मत रखता हो।

जोश, जुनून (Passion)

दोस्तों, जोश और जुनून कामयाबी के वो औज़ार हैं जिसके सहारे लोग बड़ी से बड़ी जंग जीत लेते हैं। "जीत के लिए तीर तलवार की नहीं, जोश और जुनून की ज़रूरत पड़ती है।" इसका मैं एक उदाहरण दे रहा हूँ-

पिता ही परमेश्वर है

शहर कलकत्ता से 20 कि.मी. दूरी पर सूरजपुर गाँव है। वहाँ का जमींदार ठाकुर यशवन्त राय था। उसका एक दिन एक्सीडेंट हो गया जिसके कारण उसके 18 वर्षीय लड़के राजेश ने अपनी सारी ज़मीन एक लाला के पास गिरवी रखकर ब्याज पर रुपये ले लिये। राजेश का पिता और पत्नी के सिवा कोई नहीं था। राजेश ने सारा रुपया अपने पिता के इलाज में लगा दिया, पर अपने पिता को न बचा सका। उनकी मृत्यु के बाद, राजेश की पत्नी भी राजेश की ग़रीबी

से घबराकर अपनी बहन के पास कलकत्ता चली गई। राजेश की शादी को अभी साल भी नहीं हुआ था। राजेश अब अकेला, तन्हा क्या करता? एक जमींदार का लड़का किसी के घर नौकरी करके तो अपनी ज़मीन लाला से छुड़ा नहीं पाता।

यह सोचकर राजेश ने एक रिक्शे का सहारा लिया। अब राजेश ने रिक्शा चलाना शुरू कर दिया। जो भी देखता वो राजेश पर तरस खाता- "एक ज़मींदार का लड़का रिक्शा चला रहा है।" पर राजेश ने अपने सामने आने वाले हर पत्थर का सामना किया और दिन-रात रिक्शा चलाकर वो जो भी कमाता, लाला को दे देता।

राजेश के अन्दर अपनी ज़मीन को छुड़ाने के प्रति कितना जोश और जुनून था, आप इन दो घटनाओं से अन्दाज़ा लगा सकते हैं।

एक दिन राजेश को बहुत बुख़ार था। बुख़ार की हालत में भी राजेश रिक्शा चलाता रहा। सवारी को छोड़कर जब वापस आने लगा तो रिक्शे से गिर पड़ा। वो सवारी राजेश को उठाकर अपने घर के अन्दर ले गई और दवाई दी। कुछ देर में बुख़ार उतरने पर उस शख़्स ने कहा, "तुम बुख़ार की हालत में रिक्शा चला रहे हो, तुम्हें आराम करना चाहिए।" राजेश का जवाब एक हल्की-सी मुस्कुराहट थी। राजेश जैसे ही बाहर निकला, उसे सवारी मिल गई। राजेश ने बुख़ार की हालत में भी आराम करना मुनासिब नहीं समझा।

एक बार राजेश का एक्सीडेंट हो गया, जिसकी वजह से पैर में चोट लग गई। उस हालत में भी राजेश ने रिक्शा चलाना नहीं छोड़ा जबकि रिक्शा चलाते समय राजेश के ज़ख़्म से खून निकल आता था।

आखिरकार पूरे 3 वर्ष की निरन्तर मेहनत के बाद राजेश ने अपनी पुरखों की जायेदाद को नीलाम होने से बचा लिया। राजेश ने लाला को ब्याज और मूल दोनों चुकाकर अपनी जमींदारी को वापस पा लिया।

यह था राजेश का जोश और जुनून जिसने राजेश का मान लौटाया। हममें भी अपने कार्य के प्रति ऐसा ही जोश और जुनून होना चाहिए, तभी हम कामयाब हो सकते हैं।

Passion का दूसरा उदाहरण

एक 22 वर्षीय लड़का जो 10+2 पास करके दिल्ली शहर आया, इस मक़सद से कि वो अपनी ज़िन्दगी बना सके, उसे किसी के आगे हाथ न फैलाना पड़े।

जब वो दिल्ली आया तो यहाँ उसको सिवाये मेहनत-मज़दूरी के कुछ और न मिला। उसके लिए मेहनत-मज़दूरी बहुत मुश्किल थी। धीरे-धीरे उसने एम्ब्रायडरी का काम सीखा और उसे करने लगा। फिर वो एम्ब्रायडरी में डिजाइनिंग का कार्य करने लगा जिससे वो अपना ख़र्च आराम से निकालने लगा।

एक दिन उसे एक शख़्स मिला जो उसे नेटवर्क कम्पनी में ले गया। उसने सेमिनार अटेन्ड करने के बाद ये फैसला कर लिया था कि वो अब यही काम करेगा और वो यही काम करने लगा। 8 महीने तक उसने नेटवर्क चलाने की शिक्षा प्राप्त की। इस 8 महीने में उसकी आर्थिक स्थिति ख़राब हो चुकी थी। अब तो बहुत मुश्किल था, कुछ और करना भी नहीं चाहता था। अब तो जहाँ जाता सब उसका मज़ाक उड़ाते- यहाँ तक कि कुछ लोग उसे खाना खिलाते फिर पीछे से उसे बुरा कहते- "कुछ करता है नहीं, चला आता है यहाँ खाने के लिए।"

ऐसे शब्द सुनने और सहन करने के बाद भी वो टूटा नही और अपने जुनून के साथ काम करता रहा। देखते-देखते वो दिन भी आ गया कि नेटवर्किंग में उसने शौहरत हासिल कर ली है। आज उसकी टीम तीन हज़ार लोगों की है और वो एक हमदर्द, खुश-एवर मिज़ाज+रैडी नेटवर्कर है- ये नेटवर्क हर्बल प्रोडक्ट्स सेल करता है।

"सुर्ख़ुरू होता है इन्साँ, ठोकरें खाने के बाद
रंग लाती है हिना पत्थर पे घिस जाने के बाद।"

जब तक कि आप अपने आपको पूरी तरह अपने कार्य में नहीं उतारते, तब तक आपको मंज़िल नहीं मिलती। अगर आपको अपने टार्गेट पूरे करने हैं तो आप अपने कार्य के प्रति में Patience+Persistence+Power (will power)+Passion होना चाहिए।

यह हमेशा याद रखिये-हर अधूरी शय (चीज़) जान-लेवा होती है-

1. अधूरी खुशी
2. अधूरा ग़म
3. अधूरी पढ़ाई
4. अधूरी मेहनत
5. अधूरी तैयारी
6. अधूरी सोच
7. अधूरा सवाल
8. अधूरा जवाब
9. अधूरा प्यार
10. अधूरी चाहत
11. अधूरा मान
12. अधूरी मंज़िल
13. अधूरी आरज़ू
14. अधूरा एहसास
15. अधूरा कार्य
16. अधूरा वादा
17. अधूरी पूजा

हर वो कार्य जो अधूरा है, वो जान-लेवा है। इस अधूरे को पूरा करने वाला ही कामयाब शख़्स है।

परम्परागत और परम्पराहीन मार्किट
Conventional and Unconventional Market

मार्किट के दो रूप हैं-

1. परम्परागत मार्किट [Conventional]
2. परम्पराहीन मार्किट [Unconventional]

परम्परागत मार्किट में कार्य करना बड़ा ही आसान होता है, जैसे कोई M. B. B. S. डॉक्टर है– उसका लड़का अगर डॉक्टर बनना चाहता है तो वह आसानी से बन सकता है क्योंकि उसे उसके पिता से मदद मिलेगी। जो तकलीफें उसके पिता ने सही थीं, वो अब उसके बेटे को नहीं सहनी पड़ेंगी। इसी तरह से परम्परागत मार्किट में कार्य करना आसान होता है।

जैसे डॉक्टर क़ा बेटा डॉक्टर, लॉयर का बेटा लॉयर। जैसे एक व्यक्ति एक शोरूम का मालिक है, उसके बाद उसका बेटा, फिर उसका बेटा मालिक होगा।

परम्पराहीन मार्किट वो होती है जो अपने पिता-दादा के कार्य से हटकर हो, जैसे कोई नया कार्य जो उसके परिवार में किसी ने न किया हो।

जैसे- कोई वकील का बेटा गायक बनना चाहता हो, तो क्या उसे माँ-बाप की मदद मिलेगी अक्सर उसे मदद (support) नहीं मिलती बल्कि और भी बुराई मिलती है, कुछ इस तरह से-

कि "फ़लाने का लड़का गवैया बनना चाहता है। बाप वकील है, बेटा गवैया"–उसे हर तरफ बुराई मिलती है। जहाँ पर हर क़दम बुराई सुनने को मिले, वहाँ एक अच्छा गायक बनना बड़ा ही हिम्मत का काम है। वो अकेला ही अपने कार्य-क्षेत्र में अपनी कामयाबी के लिए लड़ता रहेगा और जब वो लड़कर अपनी कामयाबी हासिल कर लेगा, तब लोग उसकी तारीफ़ करेंगे और माँ-बाप भी सर उठाकर चलेंगे। फिर, तो क्या कहना- हर स्टेज

पर पुरस्कार लेने पहले माँ-बाप ही पहुँचेंगे। वो माँ-बाप जिन्होंने अपने बच्चे की इस क्षेत्र में कोई सहायता नहीं की, बल्कि उसे मानसिक तकलीफ़ें (mentally torture) दीं।

उसे यह भी कहा गया होगा- 'मेरा नाम समाज में ख़राब कर रहा है- या तो ये शहर छोड़ दे या फिर ये कार्य।'

यही उसूल हैं परम्पराहीन मार्किट के।

यही सच्चाई मैं अपनी आप-बीती में बताता हूँ-

मेरे पिता जी इस्लामिक जस्टिस (मुफ़्ती) हैं और मैंने भी धार्मिक शिक्षा हासिल की है। पर मेरी सोच कुछ अलग हटकर करने की थी। मुझे 14 वर्ष की उम्र से ही काल्पनिक कहानियाँ लिखने का बड़ा शौक़ था। इस शौक़ ने मुझे धार्मिक रिसर्च में डाल दिया और मैंने पहली कहानी लिखी 'वीरान चमन' जिसको लेकर मैं बम्बई में दर-बदर भटकता रहा।

एक साधारण मिडल क्लास फैमिली का लड़का क्या कर सकता था, वहाँ का हाल तो बस, रब ख़ैर करे। आख़िर वहाँ से नाकाम वापस लौटा, तो सारे गाँव में मेरे लिए सिर्फ़ बुराई ही बुराई थी। किसी ने मुझे अच्छी नज़र से देखना गवारा न किया। लोगों की जबान पर यही था- "एक मुफ़्ती का लड़का जो खुद भी आलिम है, उसने फ़िल्मी दुनिया में कहानी लिखने की बात कैसे सोची"- बहुत ही बड़ा मसला (विषय) था।

पर मेरे पिता जी ने उन बुराइयों से मुझे बचाने की कोशिश की और पटना में मुझे युनानी साइड से मैडिकल ट्रेनिंग दिलवाई। मेरे पिताजी इस्लामिक जस्टिस के साथ-साथ ख़ुद भी डॉक्टर (हक़ीम) हैं, इसलिए मुझे इतनी दिक़्क़त नहीं उठानी पड़ी और मैंने मेडिकल ट्रेनिंग लेने के बाद प्रैक्टिस भी शुरू कर दी।

पर मेरी रिसर्च ख़त्म नहीं हुई। आज भी मैं जगह-जगह पहुँचकर सेमिनार अटेन्ड करता हूँ। आज मेरे पास मेरे लिखी 30 कहानियाँ मौजूद हैं और इन कहानियों को आप तक पहुँचाने के लिए मेरी कोशिशें जारी हैं।

"ज़िन्दगी ख़्वाब-सा लगता है अब,
तक़दीर का लिखा बदला-बदला सा लगता है अब,
वो जो रूठे थे फ़ैज़ मुक़द्दर हमसे,
उनका इन्कार भी इक़रार-सा लगता है अब।"

इसी तरह से परम्परागत मार्किट में कार्य करना आसान है, पर परम्पराहीन मार्किट में बहुत ही मुश्किल।

अगर आप मान लें कि हर मुश्किल के बाद आसानी है, हर दुख के बाद सुख है; तो आप कामयाब शख़्स हैं।

कुछ ऐसा करना चाहिए जो अलग हटकर हो, जहाँ पर आप अपनी एक अलग पहचान बना सकें। जो सबके लिए सुखदायक हो, उसी में एक अच्छे विजयी का सुख होता है। कामयाबी पाने के लिए बहुत कुछ सहन करना पड़ता है– लोगों की ऐसी बातें जो कामयाब होने से रोकती हैं और फिर जी- तोड़ मेहनत।

इसका अन्दाज़ा आप इस कहानी से लगा सकते हैं- 'शमूल की नाव'।

•

शमूल की नाव

प्राचीन काल की बात है- जब लोग फलों के बारे में नहीं जानते थे, न ही फलों को उगाया ही जाता था। उस समय कुछ लोग लकड़ियाँ तोड़कर, उसे बेचा करते थे। लकड़ियों के बदले कुछ और लेते (Barter System) - यह लोग लकड़हारे के नाम से मशहूर हो गए। इन का 20 लोगों का समूह (team) था। जब यह समूह जंगल में जाकर लकड़ियाँ तोड़ता, तो उन्हें जो भी फल नज़र आता, उसे तोड़ लेते, फिर उसे चखकर खा लेते। एक दिन यह टीम ऐसी जगह पहुँची, जहाँ उन्हें बहुत सारे फल मिले-खाकर देखा तो बहुत मीठे लगे। यह लोग आपस में एक-दूसरे से बोले- "अगर हम लकड़ियों की जगह इन फलों को लेकर जायें और हाट में जाकर बेचें तो बहुत फ़ायदा होगा।" सब ने हाँ में हाँ मिलाई और फल तोड़ने शुरू कर दिए। बहुत फल इकट्ठा कर लिए, सब के सब अपने-अपने कपड़ों में फल बाँध, हाट ले आये। हाट के सभी लोग फलों को देखकर बहुत खुश हुए कि यह कैसा फल है जो देखने में ख़ूबसूरत और खाने में मीठा है! सब शहर वासियों ने अनाज के बदले फल ले लिये। उन्हें इतना अनाज मिला कि वे लोग एक माह मज़े से खा सकते थे। यह लकड़हारे अब यही करने लगे। फलों को जंगलों से ढूँढ कर हाट लाते और दूसरी चीजों से बदल लेते। इसी तरह से ये लोग दूर-दूर जाकर फल लाते रहे। एक दिन इन लोगों ने अपने गाँव से दूर नदी के उस पार टापू में जाने का फैसला किया, क्योंकि वहाँ के फल पीले-पीले दूर से ही चमक रहे थे। दूर गाँव से नाव बनाने वाले को बुलवाया और कुछ ही दिनों में नाव तैयार हो गई।

नाव बनते ही यह समूह टापू की ओर चल पड़ा। नाव को नदी तक पहुँचाने के लिए बैल-गाड़ी का सहारा लिया। यह लोग नाव के ज़रिये टापू

पर जा पहुँचे। नाव को नदी के किनारे बाँधकर सारे के सारे फल तोड़ने में लग गये। चाँदनी रात होने की वजह से उन्हें पता ही नहीं चला कि कब शाम हो गई। जब फल इकट्ठा करके नाव में लादने पहुँचे तो वहाँ नाव न पाकर सारे हैरान रह गये।

(हवा चलने की वजह से पानी की लहरें तेज़ हो गई थी, जिसके कारण नाव खुलकर बह गई।)

दूर तक नाव नज़र न आने पर सबकी आँखें फटी की फटी रह गईं। सभी लोग कुछ देर के लिए ऐसे ख़ामोश हो गये जैसे उनमें जान ही नहीं रही। सारे आपस में कहने लगे-"अब क्या होगा? अब कैसे जाएँगे? अब हमें इस टापू के जंगली जानवर चीर-फाड़ खाएँगे।" अब कोई रब को पुकारता, तो कोई ज़ोर-ज़ोर से रोता। इसी तरह सुबह हो गई। इस टीम का एक व्यक्ति बोला, "देखो, रोने से कोई फ़ायदा नहीं; फिलहाल हम फल खाकर गुज़ारा करते हैं। इसी बीच कोई नाव वाला इधर से गुज़रेगा, तो हम उससे मदद माँग लेंगे।" इसी तरह दूसरी रात भी आ गई और यह रात भी पिछली रात की तरह आँखों-आँखों में कटी।

जब सुबह हुई तो जंगल में चिड़ियों की चहकने और कोयल की कूह-कूह की आवाज़ें आने लगीं। तभी एक आदमी दौड़कर जंगल से निकला और नदी में जा गिरा और पानी में तैरने लगा। यह देख सभी एक दूसरे से कहने लगे- "शायद यही है वन-मानुष जो वन में रहता है।" अभी ये लोग बातें कर ही रहे थे कि वह वन-मानुष फिर से जंगल में छिप गया। अब सबको यकीन हो गया कि यही है वन-मानुष। इस समूह का एक चतुर व्यक्ति कहने लगा- "चलो, आज भगवान ने इसे भी दिखा दिया, जिसे शायद हम कभी न देख पाते।" इसी टीम का एक लड़का जो टीम का सबसे कम उम्र सदस्य था, उसका नाम शमूल था। शमूल ने उस चतुर व्यक्ति से पूछा, "क्या यह वन-मानुष हमारी ही तरह होते हैं?" उसने जवाब में कहा- "हाँ, सिर्फ इतना अन्तर होता है कि हमारे शरीर पर बाल कम होते हैं और उनके शरीर पर ज़्यादा होते हैं।" उसकी बात पर शमूल ने कहा- "तो क्या हम उसकी तरह पानी में तैर सकते हैं?" उस व्यक्ति ने जवाब दिया, "नहीं, वन-मानुष वज़न में हमसे बहुत हल्के होते हैं और तैरने की ख़ूबी उनमें जन्म से ही होती है।" शमूल के समझ में इस चतुर व्यक्ति की बात नहीं आई। शमूल कुछ ही देर में नदी के

किनारे ही जहाँ पानी थोड़ा था, उतरकर तैरने की कोशिश करने लगा। उसके हाथ-पैर मारने के तरीक़े को देखकर, सभी उसे चिढ़ाने लगे। कोई कहता-"तैर ले जब सीख जायेगा तो मुझे भी सिखा देना, मेरे भी बच्चे इन्तज़ार कर रहे हैं।" कोई कहता- "अरे! देख, वो तो तैरने लगा।" कोई कहता- "अरे! शमूल कहाँ है? दिखाई नहीं दे रहा है।" दूसरा कहता- "अरे! वो तो गया अपनी माँ के पास तैरकर, तू भी जायेगा।" वह लोग शमूल का इसी तरह से मज़ाक उड़ाते रहे- शमूल पानी से बाहर आकर रोने लगा।

तभी टीम के होशियार लोग शमूल के पास आकर उसे समझाने लगे, "देखो शमूल एक तुम ही नहीं हो, हम सारे यहाँ फँसे हैं, इस टापू में। रही बात यहाँ से निकलने की, भगवान किसी न किसी को हमारी मदद के लिए ज़रूर भेजेगा और जो तुम सोच रहे हो कि तुम भी वन-मानुष की तरह तैर सकते हो तो यह कभी नहीं होगा; अगर होता तो हम तुम्हारे पिता की उम्र के हैं, तुम से पहले दुनिया में आये हैं, अगर हम इन्सान पानी में तैर सकते तो हम तुम से पहले तैरते। यह सब मत करो और सच्चे दिल से भगवान को याद करो। अगर तुम पानी में दुबारा गये तो अच्छा नहीं होगा। पानी आगे बहुत गहरा है, कहीं तुम फिसलकर आगे चले गये या किसी पानी के जानवर ने पकड़ लिया तो हम तुम्हारे माँ-बाप को क्या जवाब देंगे।" शमूल उनकी बातों मे आ गया, लेकिन जब रात हुई तो शमूल के दिमाग़ में आया कि, 'ऐसा नहीं हो सकता। वो वन-मानुष भी ऐसे ही पानी में तैरना सीखा होगा क्योंकि पैदा होते ही हम चल नहीं पाते, हमने भी देखकर ही चलना सीखा है और इतना सोचना था कि शमूल सबको सोता छोड़कर नदी के किनारे जा पहुँचा। चाँदनी रात में सबकुछ नज़र आ रहा था। वहाँ उसने देखा कि वही वन-मानुष नदी में तेज़ी से तैर रहा है और फिर पानी के अन्दर डुबकियाँ लगा रहा है। इस तरह वह काफ़ी देर तक ऐसा करता रहा, फिर पानी से निकला और जंगल में छिप गया। शमूल उसी वक्त नदी के किनारे उतरकर तैरने की कोशिश करने लगा। इसी तरह शमूल अपनी टीम से छिप-छिप कर तैरने का अभ्यास करता और वन-मानुष को तैरता देखकर अपनी हिम्मत जुटाता रहा। कई दिन बाद शमूल को ऐसा लगा कि वो तैर सकता है। उस दिन शमूल बहुत खुश था पर उसने अपनी खुशी ज़ाहिर होने नहीं दी।

शमूल अब पहले से ज़्यादा देर पानी में रहने लगा था। इसी कारण शमूल को बुख़ार आ गया। जब शमूल को बुख़ार में देखा तो एक व्यक्ति ने कहा- "हो न हो तुम पानी में नहाने के साथ-साथ तैरना सीखते हो- इसी वजह से बुख़ार आया है।" शमूल ख़ामोशी से उसकी बातें सुन रहा था। उस व्यक्ति ने बहुत कुछ बुरा-भला कहा- "तुम अपने आप को बहुत ज़्यादा होशियार समझते हो। हम सब तो बेवकूफ़ है"- यह सब बोलते-बोलते वो शमूल से दूर अपनी टीम के पास चला गया। उसने सबसे शमूल की बुराई की। उस टीम के कुछ मुख्य लोग शमूल के पास आये और उसे बुरा-भला कहने लगे, पर शमूल ने उनकी बातों का कोई जवाब नहीं दिया और चुपचाप सुनता रहा। शमूल को उस दिन का इन्तज़ार था जिस दिन वो तैरकर इन सबको दिखला देगा। दूसरे दिन शमूल बुख़ार की हालत में ही नदी में तैरने लगा। शमूल कोशिश करके बीच नदी तक गया और फिर वापस लौट आया। शमूल सोचने लगा कि जब मैं बीच नदी तक पहुँच सकता हूँ तो उस पार भी जा सकता हूँ। अब शमूल ने उन सबको छोड़कर अपने घर पहुँचने का फैसला कर लिया।

दूसरे दिन सुबह शमूल मुस्कुराता हुआ टीम से बोला, "आप सबको मेरा नमस्कार। मैं अपने घर जा रहा हूँ।" अभी शमूल की बात पूरी भी नहीं हुई थी कि एक व्यक्ति ने मज़ाक उड़ाते हुए कहा- "कैसे, तैरकर?" यह कहते हुए वह फिर हंसने लगा। शमूल ने आज पहली बार किसी को जवाब दिया, "हाँ, हाँ, तैरकर तुम्हें क्या? तुम बैठो राम भरोसे! तुम्हें तो न अपनी फ़िक्र है, न अपने बाल-बच्चों की। तुम्हें तो सिर्फ़ मज़ाक उड़ाना आता है।" यह कहते हुए शमूल ने नदी की ओर दौड़ लगाई और देखते-देखते नदी में ठीक वन-मानुष की तरह तैरने लगा। यह देख सब हैरान रह गये। कुछ ही पल में शमूल नदी के उस पार जा चुका था। अब सारे के सारे पछताने लगे और बोलने लगे, "हमने बहुत बड़ी ग़लती की। अगर शमूल का कहना मानते, उसका साथ देते तो आज हम सभी शमूल के साथ अपने बच्चों से जा मिलते।" सब अपने आपको दोष देने लगे।

शमूल को जाते-जाते ख़्याल आया कि, मैं उनके घर वालों को क्या जवाब दूँगा। कब नाव बनेगी, कब लेकर आएँगे। फल भी इतना नहीं है, सब के सब भूख से ही मर जाएँगे। यही सोच शमूल को दोबारा उस टापू पर ले गई। शमूल को देख, सारे के सारे खुशी के मारे शमूल से लिपट

गए और कहने लगे- ''शमूल हमें माफ़ कर दो। हमने तुमको बहुत बुरा-भला कहा है हमें माफ़ कर दो और हमें भी तैरना सिखा दो।'' शमूल हँस पड़ा और सबको तैरना सिखाने लगा। कुछ ही समय में सब तैरना सीख गये और अपने-अपने घर लौट आये। शमूल को सबने बहुत दुआएँ और शाबाशी दी। इस तरह शमूल पहला तैरने वाला व्यक्ति कहलाने लगा।

So, now you can believe that by putting the efforts sincerely, one can achieve one's goals.

अगर आप भी अपने कार्य-क्षेत्र में शमूल का रोल अदा करें तो आप भी पहले कामयाब शख़्स बन सकते हैं।

•

टीम बनाने का आधार-दोस्ती
(The Basic tool of making Team- Friendship)

असल में दोस्ती टीम बनाने का वो औज़ार है जो गुमनाम शख़्स को एक पहचान दिलाती है। दोस्ती की शुरूआत मीठे बोल से शुरू होती है। मीठे बोल से आप चाँद से ही नहीं बल्कि आकाश में बिखरे हज़ारों करोड़ों सितारों से भी दोस्ती कर सकते हैं और उन करोड़ों सितारों के आप इकलौते दोस्त बन सकते हैं और लाखों-करोड़ों सितारे आपके नेट में शामिल होकर आपको उस नेट का इकलौता चाँद बना सकते हैं और आप चाँद बनकर लोगों को ठंडी और दिलकश चाँदनी प्रदान कर सकते हैं।

आप कैसे बनेंगे लाखों सितारों के इकलौते चाँद- उसके लिए आपको क्या करना होगा?

आइये, दोस्ती करना सीखें-

दोस्ती करने के लिए पहले हमें अच्छी तरह सोच-समझ लेना चाहिए कि हमें दोस्त कैसा चाहिए– कुछ समय के लिए या फिर हमेशा के लिए।

कुछ वक़्त की दोस्ती को वक़्ती दोस्ती कहते हैं और वक़्ती दोस्ती सिर्फ़ मतलब और लोभ के लिए की जाती है।

सच्ची दोस्ती हमेशा-हमेशा के लिए की जाती है- चाहे दूर रहें या पास, दोस्त की दोस्ती दिल में रहती है।

अच्छी दोस्ती के लिए अच्छा दोस्त बनना ज़रूरी है, और अच्छा दोस्त तब बनता है– जब उसमें अच्छाई हो, सच्चाई हो, वफ़ादारी हो।

जब ये सारे गुण आप में हैं तो आपके क़रीब आप जैसे ही लोग आयेंगे। जब आप अपने जैसे लोगों से या अपने से बेहतर लोगों से मिलते हैं तो आपकी शुरुआत अनमोल शब्दों से होनी चाहिए।

अनमोल शब्द हैं- आदाब, नमस्ते, नमस्कार, सत श्री अकाल, सलाम; और जब आप अच्छे लोगों से, अच्छे व्यक्ति से अलग होते हैं या दूर होते हैं तो दूर होने के लिए भी अनमोल शब्द इस्तेमाल किये जाने चाहिए जैसे खुदा हाफिज़, गुड बाय, फिर मिलेंगे (see you) आदि। अगर शाम का वक़्त है तो गुड नाइट, शब्बा खैर, शुभ रात्रि जैसे शब्द हैं। ऐसे शब्द दिलों में उतर जाते हैं और इन्सान का अच्छा होना भी साबित करते हैं।

आपकी 5 मिनट की मुलाक़ात कुछ ऐसी हो- ईश्वर न करे आप या आपसे मिलने वाला इस संसार में न रहे या बहुत दूर चला जाये तो वो मुलाक़ात एक यादगार बन जाये। हर बार कुछ ऐसी ही मुलाकात हो। दोस्ती करने के लिए सामने वाले को, जिससे आप दोस्ती करना चाहते हैं कहने की ज़रूरत नहीं पड़ती बल्कि आपके स्वभाव और अनमोल शब्द ही उसे दोस्त बना लेते हैं।

दोस्ती की पहचान बुज़ुर्गों के मुताबिक़ दो वक़्त पर की जाती है– एक सुख में और एक दुख में-

सुख में सुखों को बाँटने वाला दोस्त नज़र आता है। दुख में दुखों को बाँटने वाला ज़िन्दगी भर के लिए दिल में उतर जाता है।

अगर सच्चा दोस्त ढूँढना हो तो ग़रीबी में ढूँढो 'सुदामा' जैसा।

अगर सच्चा दोस्त बनाना हो तो मुसीबत में काम आओ 'ईसा मसीह' जैसा।

इस तरह से आप एक ख़ूबसूरत चाँद बन सकते हैं और आपके दोस्त हज़ारों लाखों तारे बन सकते हैं। इसी तरह इन्हीं ख़ूबियों के साथ आप अपने व्यापार में भी ढेर सारे दोस्त बना सकते हैं और अपनी कम्पनी तथा कारोबार को आगे बढ़ा सकते हैं और सफलता के शिखर पर पहुँच सकते हैं।

इसी तरह से आप अपने दोस्तों द्वारा एक बेहतर और मज़बूत नेट बना सकते हैं और आप एक नेटवर्कर बन सकते हैं।

मैं आपको एक चरित्रवान की चरित्र कथा सुनाता हूँ-

बहुत समय पहले की बात है हिन्दुस्तान के पूर्वी क्षेत्र में रौटा नामी इलाके में एक मास्टर रहते थे।

जब उनका देहान्त हुआ तो 10 हज़ार से भी ज़्यादा लोग इकट्ठा हुए। उस भीड़ को देखकर एक खोजी अंग्रेज़ भी वहाँ पहुँचा– ये देखने के लिए कि इतनी भीड़ क्यों है। वहाँ जाकर उसे पता चला कि किसी मास्टर अरविन्द प्रसाद का स्वर्गवास हो गया है। अंग्रेज़ ने ये सुनकर उस मास्टर को देखने की

इच्छा प्रकट की। एक भले मानुष ने मास्टर जी की सूरत दिखाई। अंग्रेज़ ने पूछा- "ये क्या करते थे जो इतने लोग इनकी मृत्यु पर आये हैं?"

वहीं खड़े एक पढ़े-लिखे व्यक्ति ने उत्तर दिया- "ये वो मनुष्य थे जिनमें पक्षपात नहीं था, जात-पात का भेद-भाव नहीं रखते थे, किसी अनजान व्यक्ति को अगर इनकी ज़रूरत पड़ती, जैसे लिखा-पढ़ी के सम्बन्ध में या कोर्ट कचहरी में किसी के साथ आना-जाना या पुलिस चौकी में जाकर किसी ग़रीब को छुड़ाना या उसकी सिफ़ारिश करना। सच्चों का साथ देना, झूठ से लड़ना– जब तक लड़ते रहना जब तक झूठा–सच्चा न बन जाये, हर धर्म के लोगों से प्रेम रखना, अनजान व्यक्ति से इस तरह से बात करते थे कि उस अनजान को लगता कि ये मुझे अच्छी तरह से जानते हैं।

हर धर्म का धार्मिक ज्ञान रखते थे उन्हीं की भाषा में, हिन्दी, इंग्लिश, उर्दू, संस्कृत, बंगाली इन्हें अच्छी तरह से लिखना और बोलना आता था। यही वजह है कि हर प्रकार के लोग आज इनके पास मौजूद हैं। इनके अन्दर लोभ नहीं था। यहीं के प्राइमरी स्कूल में पढ़ाते थे। रातों को भी लोग अपनी ज़रूरत पर इन्हें उठाकर अपना काम ले लेते थे। वे कभी किसी को मना नहीं करते थे।

एक बार एक ग़रीब को पुलिस ने घड़ी चोरी के इल्ज़ाम में पकड़ लिया। उस लड़के का पिता मास्टर जी के पास दौड़ा-दौड़ा आया और रोने लगा। कहने लगा, "मास्टर जी आप ही हमारे माई-बाप हैं, मेरा लड़का उसके घर नौकरी करता था पर उसने कभी चोरी नहीं की। आज उस पर उसके मालिक ने घड़ी चोरी का इल्ज़ाम लगाया है और पुलिस मेरे बेटे को उठाकर ले गई है। मास्टर जी मेरा बेटा कमज़ोर है, पुलिस की मार सहन नहीं कर पायेगा। आपकी बड़ी कृपा होगी मेरे बच्चे को बचा लीजिए।"

मास्टर जी की पत्नी कुछ कहना चाहती थी पर मास्टर जी की ओर देखते ही चुप हो गईं। मास्टर जी उसी क्षण एक चादर ओढ़ कर पुलिस चौकी पहुँचे। मास्टर जी ने बड़े बाबू यानी दरोगा साहब से कहा- "सर मुझे विश्वास है ज़मीनदार साहब की घड़ी कहीं और खो गई होगी या फिर कहीं रखकर भूल गये होंगे।" ये कहते हुए मास्टर साहब ने अपनी घड़ी ज़मानत के तौर पर उतार कर दे दी।

दरोगा साहब ने कहा, "नहीं मास्टर जी आपका आना ही बहुत बड़ी ज़मानत है, आप घड़ी रखें।" मास्टर जी को जब दरोगा ने घड़ी देने के लिए

दोनों हाथों से छुआ तो मास्टर जी के हाथों से आग निकल रही थी- वे बुख़ार से तप रहे थे। दरोगा साहब पहले उनको डॉक्टर के पास उपचार के लिए ले गये। फिर बाद में उस लड़के को मास्टर जी के हवाले कर दिया। पर मास्टर जी ने अपनी घड़ी नहीं ली। कुछ ही समय बाद ज़मीनदार और दरोगा साहब मास्टर जी के घर पहुँचे। ज़मीनदार ने मास्टर जी से माफ़ी माँगी और अपनी घड़ी मिल जाने की ख़बर दी और दरोगा साहब ने मास्टर जी को उनकी घड़ी लौटा दी।

मास्टर जी की चरित्र कथा सुन अंग्रेज़ हैरान रह गया और बोला-

"Wow! What a best networker he was.

We must learn from his life about how team is made."

"वाह! क्या बेहतर नेटवर्कर थे।

हमें इनकी ज़िन्दगी से सीखना चाहिए कि टीम कैसे बनती है। अच्छा नेटवर्कर ही एक लीडर बन सकता है।"

•

टीम कैसे बनाएं
(How to Make Team)

जब कोई टीम बनाने की सोचता है तो उसे पहले ये फैसला करना होगा कि उसका मक़सद क्या है?

What is your aim?

जब आपका मक़सद ज़ाहिर हो जाएं तो टीम का बनना आसान हो जाता है। उसके लिए यह शर्त है कि जो मक़सद आप लेकर चलें, वो सिर्फ़ आपका अपना ही नहीं, बल्कि लोगों का भी हो। यही उसूल है- चाहे किसी भी किस्म की टीम बनाएं।

मैं इसको एक उदाहरण से व्यक्त कर रहा हूँ-

ममता का आँचल

कलकत्ता में मशहूर काली मन्दिर के नज़दीक स्थापित है- 'निर्मल हृदय'- ग़रीबों और दुखियारों का घर। यह घर- 'मदर टैरेसा' के प्यार और देखभाल से बना है। मदर टैरेसा ग़रीबों और बीमारों की सेवा करती थीं जिनकी मदद कोई भी नहीं करना चाहता था।

मदर टैरेसा का जन्म युगोसलाविया में हुआ था। जब वो बड़ी हुईं, वो एक नन (सन्यासिनी) बन गईं। उन्हें कलकत्ता में एक कॉन्वेंट स्कूल में पढ़ाने के लिए कहा गया।

एक दिन अपने कॉन्वेंट की खिड़की से बाहर झाँकते हुए, उन्होंने अपनी आस-पास की बस्ती में बहुत ज़्यादा ग़रीबी और मुसीबत देखी। उन्होंने सोचा, 'मैं रब की इबादत ग़रीबों और बीमारों की देखभाल करके कर सकती हूँ।' इस तरह उन्होंने कॉन्वेंट छोड़ दिया और अपनी एक धार्मिक टीम शुरू की जो 'मिशनरीज़ ऑफ चैरिटी' (Missionaries of Charity) के नाम से जानी जाती है।

इस टीम की सिस्टर्ज़ अपना दिन गन्दी बस्तियों और गलियों को साफ़ करने में बितातीं, ग़रीब बच्चों को पढ़ातीं और बीमारों एवं बूढ़ों की देखभाल करतीं। इस तरह इन सिस्टर्ज़ ने प्यार और आत्म-त्याग की सेवा का संदेश फैलाया। वे जहाँ भी जाती थीं, लोगों की मुसीबत में मदद करतीं। सरकार भी उनके काम में उनकी मदद करती है।

एक बार किसी ने मदर टैरेसा से पूछा कि वे अपनी संस्थाओं को बग़ैर नियमित दान के कैसे चलाती हैं? उन्होंने मुस्कुराते हुए जवाब दिया- "रब देता है।" इसे साबित करने के लिए उन्होंने एक घटना बताई-

एक बार सर्दियों के दौरान एक मरीज़ के पास तोशक नहीं था। वो अपने तकिये को फाड़कर उसकी रूई बाहर निकालकर तोशक बनाने ही वाली थी कि उसी वक़्त दरवाज़े की घंटी बजी और एक आदमी तोशकों के साथ अन्दर आया। मदर टैरेसा ने कहा कि ऐसी घटनाएं बताती हैं कि- रब देता है।

मदर टैरेसा ने अपना काम चार सिस्टर्ज़ से शुरू किया था। आज 'मिशनरीज़ ऑफ चैरिटी' के केन्द्र बहुत से देशों में है। आज मदर टैरेसा की टीम हज़ारों की तादाद में दुनिया भर में निःस्वार्थ सेवा (Selfless service) कर रही है। अनाथालयों में बेघर बच्चों की देखभाल करती हैं। वे गरीबों के लिए डिस्पेंसरी और स्कूल भी चला रही हैं। वे हर धर्म के लोगों की सेवा-प्यार और दया से करती हैं।

मदर टैरेसा की सेवाओं की पहचान ने, उन्हें 1979 में 'नोबल पीस पराइज़' से सम्मानित किया। उन्हें 'भारत रत्न' हिन्दुस्तान का सबसे ऊँचा सिविलियन अवार्ड भी दिया गया। मदर टैरेसा सितम्बर 1997 में इस दुनिया को छोड़कर चली गईं।

इस 'रहम के फरिश्ते' से हमें भी ज्ञान प्राप्त करना चाहिए और हमें भी अपने अन्दर ग़रीबों और ज़रूरतमन्दों की सेवा करने की इच्छा पैदा करनी चाहिए।

मैंने यह उदाहरण टीम के लिए दिया है कि टीम कैसे बने। आपने देखा- आज की इस मतलब से भरी दुनिया में कौन है जो अपना जीवन किसी ग़ैर के लिए समर्पित कर दे? पर ऐसा है।

जब आप अपने घर से निकलेंगे, तो आपकी मुलाक़ात हज़ारों तरह की सोच लिए हुए लोगों से होगी- कोई अपने लिए जीना चाहता हैं तो कोई दूसरों

के लिए- कोई शौहरत के लिए, तो कोई इ़ज़्ज़त के लिए, कोई नाम चाहता है तो कोई काम।

जहाँ मदर टैरेसा ने बग़ैर किसी लोभ, और रुपये-पैसे के हज़ारों की टीम बना ली तो क्या आप अपने सपनों को साकार करने के लिए एक टीम नहीं बना सकते। जबकि इस टीम में सबको वही फ़ायदा है जो पहले क़दम बढ़ाने वाले का है–जैसा कि मैंने पहले लिखा है–कि टीम का एक मक़सद हो और वो मक़सद किसी एक का नहीं, बल्कि सारे लोगों का होना चाहिए।

अगर आप अपने व्यापार के लिए टीम बनाना चाहते हैं तो जो लाभ आपको हो, वही लाभ आपको अपनी टीम को भी देना होगा।

टीम बनाने का एक और उदाहरण दे रहा हूँ-

Revolutionary Sherly "क्रांतिकारी शरली"-

•

क्रान्तिकारी शरली
(Revolutionary Sherly)

बहुत वर्ष पहले की बात है- रोम में एक छोटा-सा शहर रोज़ था जिस पर दूसरे देश वालों ने अपना कब्ज़ा जमा रखा था। जैसा नाम वैसा ही काम- रोज़ शहर सिर्फ़ नाम ही का नहीं बल्कि काम का भी रोज़ था जिसका मायने गुलाब होता है। इस शहर के मासूम लड़के-लड़कियाँ बहुत ही ख़ूबसूरत, हर दिल अजीज़ थे, उनकी हर अदा क़ाबिले ताज़ीम थी, उनकी सूरतें बमिसले मूरत थीं। उनकी गुलाब-सी सूरत, उनकी मासूमियत, उनका भोलापन– दूसरे देश वालों को नागवार गुज़रा।

उनका रोज़गार सिर्फ़ फूलों की खेती और उनको बेचना था। यह लोग अपनी ग़रीबी में ही खुश थे, मगर विदेशी ज़ालिमों ने उनको अपने जाल में फँसाने के लिए एक चाल चली। शहर रोज़ में जाकर उन्होंने रेशम की खेती करने को कहा और रेशम पैदा करने की तरकीब भी बताई और उस से फ़ायदा (मुनाफ़ा) जो होता वो भी बताया। फूलों की खेती करने वाले 'फूल' उनकी बातों में आकर बहक गये और रेशम की खेती की जानकारी लेने लगे। कुछ ही दिनों में सारे का सारा शहर रोज़ चीखों की आवाज़ से गूंज उठा। उन दहशत-गर्द जालिम लोगों ने रेशम की खेती की आड़ में मासूम लड़कियों की इज़्ज़त लूटना और शराब के जश्न में उनको नचाना अपना पेशा बना लिया। इन ज़ालिमों ने पूरे शहर को अपने नापाक जाल से घेर लिया था। जिस्म-फ़रोशी खुले आम होने लगी- जो भी कोई मर्द अपनी बीवी, बेटी, बहन के लिए आवाज़ उठाता, उसको मौत की नींद सुला दिया जाता।

सारा शहर बेज़ुबान हो चुका था- बस, अगर आवाज़ सुनाई देती तो वो आह! की उफ! की सुनाई देती। इन कराहियत से भंरी आवाज़ों से आजिज़ 17 वर्ष की एक लड़की, शरली (Sherly) जो बेपनाह ख़ूबसूरत थी– जिसकी

आँखें ऐसी लगती जैसे शराब से भरे दो आफ़ताब हों, होंठ गुलाब की पंखुड़ियों से जो शबनम से तर हों, जिस्म किसी हूर से कम नहीं जिसकी तारीफ़ लिखना मुश्किल होगा।

उसने अपने आपको और पूरे शहर को जिस्म-फ़रोशी से बचाने के लिए एक तरकीब निकाली–उसने अपने गले में पहना हुआ चाँदी के सिक्कों से बना हार उतारा और उसमें से एक सिक्का निकाला जिसमें 'शरली' लिखा हुआ था। शरली अपनी इज़्ज़त को बचाने की ख़ातिर अपने बन्द मकान से बाहर नहीं निकलती थी। शरली का बाप बहुत कमज़ोर और बीमार रहता था। उसकी माँ दिन-रात रोती, न जाने कब दुश्मन की नज़र शरली पर पड़ जाये। शरली का भाई- 9 वर्षीय जुजु (Zuzu) ही बाहर से कुछ माँगकर खाने-पीने के लिए लाता। शरली ने अपने भाई जुजु को अपने हार में से निकाला हुआ सिक्का दिया और कहा- "जाओ, नाडू (Nadu) को यह सिक्का दे आओ। कहना- तुम्हें शरली ने याद किया है।" नाडू शरली के घर से कुछ ही दूर रहता था। नाडू शरली को मन ही मन में बहुत चाहता था। नाडू शरली का सिक्का पाकर बहुत खुश हुआ और भागा-भागा शरली के पास जा पहुँचा। शरली की नशीली आँखों में आँसू देख, नाडू तड़प उठा। नाडू ने शरली से पूछा, "क्या चाहती हो मुझसे?" शरली हिचकी लेते हुए बोली- "शरली! मैं आपसे शरली चाहती हूँ- शरली की इज़्ज़त।" नाडू ने आश्चर्य से पूछा, "तुम्हें क्या हुआ? तुम ठीक तो हो?" शरली ने पूछा, "नाडू क्या तुम्हें शहर की हर उस लड़की जिसकी इज़्ज़त भरे बाज़ार नीलाम की जा रही है, क्या उसमें तुम्हें शरली नज़र नहीं आती? क्या उनमें कोई माँ, बहन, या बेटी नज़र नहीं आती?" शरली की ये दो-तीन बातें नाडू को जोश में ले आईं। नाडू बोला- "मैं अकेला क्या कर सकता हूँ?" शरली बोली- "मैंने कब कहा तुम अकेले लड़ो।" शरली ने नाडू को विश्वास दिलाया कि- "मैं इस लड़ाई में जीवित रहूँ या न रहूँ पर इस दिल में तुम ही रहोगे।" शरली ने नाडू को बताया कि लोगों को इस क्रान्ति के लिए कैसे इकट्ठा किया जाये। शरली ने नाडू से कहा, "नाडू तुम शहर रोज़ के उस जवान को यह सिक्का देना जिसमें H+E+R+O पाया जाये।

H- Health	जो स्वस्थ हो
E- Education	जो पढ़ा-लिखा हो
R- Revolutionary zeal	जिसमें इस लड़ाई के प्रति लड़ने का जोश हो
O- Obey	जो वफ़ादार हो, पालन करने वाला हो

जब ऐसा कोई जवान मिले उसे मेरे बारे में बताना और कहना कि अगर अपनी माँ, बहन, बीवी की इ़ज़्ज़त बचानी है तो, शरली की तरह कफ़न बाँधले जब हाँ कहे तो, मेरा यह सिक्का उसे दे देना और अपने हाथ में एक (1) लिख लेना और उसे भी यही शिक्षा देना जो तुम्हें दे रही हूँ। जब वो किसी क्रान्तिकारी को तैयार कर ले तो उसे कहना- "मैं पहला जवान हूँ, तुम दूसरे जवान हो। जब यह सिक्का किसी को दोगे तो तुम भी अपने हाथ में दो (2) लिख लेना।"

नाडू ने वैसा ही किया जैसा शरली ने कहा था और वो सिक्का एक के बाद एक को मिलता रहा। देखते-देखते 1000 हज़ार नौजवान क्रान्तिकारी तैयार हो गये। जब एक हज़ार लोग हो गये तो सब ने मिलकर एक आवाज़ लगाई और उन दरिन्दों को हर गली, हर चौराहे से मिटाते चले गये। कुछ ही दिनों में शहर-रोज़ नापाक हाथों से आज़ाद हो गया।

शहर रोज़ के हज़ार क्रान्तिकारियों में से कुछ लोग शरली के दीवाने थे। शरली मासूम सिर्फ़ नाडू को ज़बान दे चुकी थी। जब शरली ने देखा कि नाडू उसे हासिल नहीं कर सकता, तो शरली ने ज़हर खा लिया और नाडू के नाम एक पत्र छोड़ गई-

"नाडू, मैं तुम्हारी प्रतीक्षा करूँगी– वहाँ पर जहाँ एक शरली नहीं, हज़ारों होंगी। फिर कोई भी तुम्हारी शरली को पाने की चाह नहीं रखेगा क्योंकि वहाँ सब खूबसूरत होंगे। नाडू तुम जल्द आना।"

नाडू शरली के इस पत्र से बहुत ही भावुक हुआ और उसने एक नज़र आकाश की ओर डाली और दम तोड़ दिया।

इसी शरली की ख़ूबसूरती और नशीले लब व चश्म की तारीफ़ सुनकर, उसकी याद में SHERLY से SHERRY WINE का जश्न मनाया गया।

"वफ़ा की आग में फैज़, कौन जलता है
ये ऐसी आग होती है, न जलती है, न बुझती है।"

•

एक नेटवर्कर- विकलांग माँ

एक दुर्घटना में अपने पति, बेटे और अपना पैर खो चुकी, एक अभागी माँअपनी 9 वर्षीय बेटी के साथ एक गुमनाम जीवन व्यतीत करने के लिए मजबूर थी। उसका कोई सहारा नहीं था। सगे-सम्बन्धी भी कब तक खिलाते, सहारा देते।

आख़िरकार एक ऐसी बस्ती की ओर निकल पड़ी जहाँ कोई पूछने वाला न मिले कि तुम कौन हो। वहाँ पहुँचकर उसने चारों ओर दूर तक नज़र दौड़ाई- पर पेट भरने का कोई ज़रिया नहीं मिला। अगर घरों में काम करके दो रोटी माँगे तो काम इतना न था कि माँ के साथ बेटी को भी एक रोटी मिल जाती। अगर किसी ने रोटी देनी भी चाही तो उसके बदले उस विकलांग माँ की बेबसी में छिपी आबरू माँगी। सवाल रोटी और इज़्ज़त का था।

बग़ैर पति का जीवन क्या होता है–पूछे कोई इस माँ से। आख़िर ज़मीर को मारकर औरों के देखा-देखी भीख माँगने का फ़ैसला कर लिया। भीख माँगने वालों में पहचान हो गई। माँ की देखा-देखी बेटी भी माँगने लगी। एक दिन लड़की ने भीख माँगकर कागज़ की फिरकी ख़रीदी और उसको दौड़-दौड़ कर घुमाती, इधर से उधर दौड़ती। माँ ने बेटी को खुश देख अपने पास बुलाया और देखा एक छोटी-सी फिरकी ने, मेरी बेटी को सारे दुख भुलाकर हँसने और मुस्कुराने पर मजबूर कर दिया है।

कुछ देर माँ उस फिरकी की ओर देखती रही, फिर उसे खोल दिया। बेटी ग़ौर से देख रही थी कि माँ ने ऐसा क्यों किया। माँ उसी समय अपने दिल ही दिल में ईश्वर से बोली- 'हे भगवान् तेरा शुक्र है तूने राह दिखलाई।' माँ ने दूसरे दिन से ही फिरकी का सामान मार्किट से लाकर फिरकी बनाना शुरू कर दिया। 10-20 फिरकियाँ बनाईं और माँ-बेटी उन्हें बेच आईं। एक दिन माँ के

दिल में आया- 'क्यों न मैं अपने साथ भीख माँगने वाले बच्चों को एक अच्छी राह दिखलाऊँ।'

उसने ऐसा ही किया- उन्हें बुलाकर उन्हें भीख माँगने से मना किया और इन्सान होने का, स्वस्थ होने का एहसास दिलाया- 2 फिरकी में 1 फ्री, 6 में 3, 12 में 6 यानी 18 फिरकी बेचने पर 18 रु. और 18 रु. में 6 रु. तुम्हारा। इसी तरह से भीख माँगने वाले बच्चों की एक बड़ी टीम माँ के साथ काम करने लगी। माँ ने लड़कियों को अपने साथ फिरकी बनाने के लिए रख लिया और लड़कों को बेचने में लगा दिया। माँ फिरकी बनाने वाले बच्चों को भी वही पैसा देती जो बेचने वालों को मिलता- 12 फिरकी में 6 फिरकी।

9 वर्षीय बच्ची की माँ अब सब बेसहाराओं की माँ बन गई। माँ ने उन बच्चों को शुरूआती शिक्षा भी दी। रातों में उन्हें पढ़ाती और सुबह से शाम तक सब काम में लग जाते। माँ बेचने का और बनाने का तरीक़ा भी सिखातीं, फिरकी ही नहीं और भी कई चीज़ें। अब तो माँ की टीम में बच्चों के अलावा बेसहारा औरतें, लड़कियाँ भी शामिल हो गईं। रेड लाइट पर भीख माँगने वालों को बुला-बुलाकर माँ उन्हें काम देती। उनका कहना था- "देखो, सीखो और कमाओ"- इज़्ज़त की खाओ और औरों को भी इज़्ज़त की रोटी हासिल करने का गुण सिखलाओ।

माँ सिर्फ़ फिरकी ही नहीं बनाती- माँ नींबू और हरी मिर्च का नज़राना बनवाकर भी दुकानों में लटकवाती। गेंदा फूलों की माला बनवाकर उसी रेड लाइट पर खड़ी गाड़ियों में लटकवाती, जहाँ कभी वो भीख माँगते थे। माँ कार, टी. वी. और शीशा साफ़ करने वाले डस्टर का भी सेल करवाती; गुब्बारे तथा अख़बार भी बेचने को देती।

आज उनकी माँ तो नहीं रही पर उनका नेट अभी भी क़ायम है। दोस्तों, इसी का नाम टीम वर्क है- इसी को नेटवर्क कहते हैं। आप भी कुछ ऐसा ही एक नेट तैयार कर, ढेर सारे लोगों की ज़िन्दगी बदल सकते हैं ताकि आपके बाद भी आपका नाम और काम क़ायम रहे।

•

एक मक़सद का नेटवर्क 'हर दिन का एक सिक्का'

बहुत समय पहले की बात है- बग़दाद शहर से कुछ दूर जंगल में ग़रीबों का एक समूह रहता था। ये ग़रीब पेड़ों के नीचे कपड़े और छप्पर से अपना आशियां बनाते, जो तेज़ हवा में बिखर जाते। बस-हर दिन की एक ज़िन्दगी होती।

इनका काम सुबह भोर में निकलना और शहर जाकर अमीर लोगों के तबेले से भेड़-बकरियाँ ले आना और उन्हें चराना और शाम को सूर्य-अस्त होने से एक घन्टा पहले उन्हें वापस पहुँचा देना था। इतना ही नहीं, बकरियों का दूध निकालकर भी देना पड़ता था। अगर जंगल में एक भी बकरी किसी ने पकड़ ली या जानवर ने खा ली तो उसका हरजाना इन्हीं ग़रीबों को भुगतना पड़ता था। इनकी पत्नियाँ इनके खाने-पीने तथा दूर से पानी लाने के अलावा जंगल की बारीक सीसदार टहनियों को काटकर टोकरियाँ बनातीं। ये टोकरियाँ दो प्रकार की होतीं- एक कूड़ा- कबाड़ उठाने के लिए, तो दूसरा अमीरों के फल रखने के लिए। पर सब जानते थे कि ये उन्हीं लोगों की पत्नियाँ हैं, जो हमारी बकरियों को चुगाते हैं। इसलिए ये अमीर, पैसा औरों के मुताबिक आधा देते। औरतें इसी पैसे से अपने दूसरे दिन के खाने-पीने का सामान ख़रीदतीं।

ये लोग अमीरों की ग़ुलामी करते-करते थक चुके थे। इनके दिल में भी आता काश हमारे पास भी रुपया होता तो हम भी अपना गुज़ारा आज़ादी के साथ करते, हम भी अपने बच्चों को पढ़ाते, हमारा भी घर होता। पर ये मुमकिन नहीं था क्योंकि अमीर लोग इनको बकरियाँ चराने का हर एक को, हर दिन का एक सिक्का देते। वही सिक्का रोज़ाना खाने-पीने की ज़रूरतों में ख़र्च हो जाता और अगर किसी दिन कोई बकरी खो गई तो उसका 14-15 सिक्का

हरजाना भरना पड़ता- बड़ा ही मुश्किल था। इनके हाल पर तरस खाने वाला अगर कोई था तो सिर्फ़ ईश्वर।

एक रात चाँदनी चारों ओर फैली हुई थी और ये ग़रीब अपनी ग़रीबी को लेकर परेशान सिर थामे बैठे थे वो इसलिए कि आज दिन में इनमें से एक की बकरी जंगल में खो गई थी, उसका हरजाना कैसे भरा जाए...। इन ग़रीबों में अच्छी बात ये थी कि सब मिलकर अपना-अपना सिक्का देकर– ये हरजाना चुका देते। इससे एक के ऊपर ज़ोर नहीं पड़ता था। इनमें प्रेम-भाव, एकता बहुत थी। सारे उस एक को दिलासा दे रहे थे। तभी एक बूढ़ा, सफ़ेद जुब्बे में वहाँ पहुँचा। उस बूढ़े की दाढ़ी एवं बाल सब सफ़ेद हो चुके थे। बूढ़े ने उन लोगों से सवाल किया- "अरे भाई! तुम लोग कौन हो और जंगल में क्यों छिपे हो।" उस बूढ़े के सवाल पर एक ने जवाब दिया, "बाबा, हम ग़रीब बकरियाँ चराने वाले हैं, हमारा घर-बार नहीं है। हम सुबह शहर से बकरियाँ लाते हैं और उन्हे चुगाकर शाम को वापस दे आते हैं। और हम सब यही रहते हैं, ये पेड़ ही हमारी छत है। हम अपनी ग़रीबी लाचारी और बेबसी से छिप रहे हैं। पर बाबा, आप जंगल में क्या कर रहे हैं।"

"मैं, मैं अपने आपसे छिप रहा हूँ। मुझे डर है कि शहर की चकाचौंध, ऊँची इमारतें, दौलत में डूबे हुए अमीरों की ऐश व इशरत– कहीं मुझे मुझसे न छीन ले– इसलिए मैं छिपता फिर रहा हूँ।"

फिर बूढ़े बाबा ने कहा, "चलो कुछ वक़्त यहीं बैठ जाऊँ, तुम लोग भी मेरे ही जैसे हो।" फिर क्या था, बूढ़े बाबा ने सबकी बारी-बारी सुनी।

रात अपने क़दम धीरे-धीरे अपनी मंज़िल की ओर बढ़ा रही थी। तभी बूढ़े ने कहा, "देखो रात बहुत बीत चुकी है। मेरी एक बात ग़ौर से सुनो, ये दुनिया फ़ानी है, इसका मोह, लालच क्या करना, बस दो वक़्त की रोटी मिल जाये, यही बहुत है। अमीरों में पहचान क्या बनाना, पहचान उससे बनाओ जो सबसे बड़ा है यानी खुदा। वही सबका मालिक है और वो तुम सबको क़रीब से बहुत नज़दीक से जानता है।" ये सुनकर सारे ख़ुश हो गये और सबने कहा, "चलो ठीक है, अगर हमारी ग़रीबी रब के लिए हमारी पहचान है और नज़दीकी है, तो हम इसी हाल में ख़ुश हैं"–

कुछ समय बाद फिर वही बाबा वहाँ पहुँचे तो देखा कि वे सारे लोग वहीं उसी हालत में हैं जहाँ छोड़ गये थे और ग़रीबी दुख-परेशानी ने उन्हें चारों ओर

से घेर रखा है। तब जाकर बाबा ने उन्हें एक रास्ता बताया, ''देखो, तुम लोग क्या मेरा कहना मानोगे? सिर्फ़ कुछ ही समय के लिए।'' सब बाबा की इज़्ज़त करते थे, वे समझते थे कि बाबा एक सच्चे व्यक्ति हैं। सब कहने लगे- ''हाँ, बाबा हाँ– हम सब आपका कहना मानेंगे, आप कहिए।'' तब बाबा ने कहा- ''मेरी तीन बातें माननी होंगी, दो कुछ समय के लिए, एक हमेशा-हमेशा के लिए।'' उन लोगों ने बाबा की हर शर्त मानने के लिए हामी भर ली।

बाबा- ''पहला जो हमेशा के लिए, वो ये कि तुम सब एक ख़ुदा की उपासना करोगे– चाहे धूप हो या छाँव, ठंड हो या बरसात।

दूसरा- "ये कि तुम सारे कुछ वक़्त के लिए खाना एक ही जगह बनाओगे ताकि एक ही समय एक ही आग और कम ख़र्चे में खाना बन जाये, और कुछ बचत हो जाये। जैसे तुम एक ही काम करते हो, एक ही जगह रहते हो, आपस में मिल-जुल कर खाते-पीते हो, तो एक ही जगह बनाओ। उससे तुम सबका ख़र्चा कम होगा। कुछ औरतें खाना बनायें, कुछ पानी लायें, कुछ बच्चों की देखभाल करें और कुछ मिलकर टोकरियाँ बनायें। ऐसा करने से काम ज़्यादा होगा। और तीसरा- वो हम तब बतायेंगे, जब इन दो कामों को करोगे। हाँ, कुछ टोकरियाँ वहाँ भी बेचो जहाँ तुम्हें कोई नहीं जानता हो ताकि तुम्हें तुम्हारा हक़ पूरा मिले।'' ये कहकर बाबा फिर चले गये।

कुछ समय बाद फिर बाबा वहाँ पहुँचे। वही चाँदनी रात थी, वही समय था, पर इस बार माहौल कुछ बदला-बदला सा था। औरतें क्या, आदमी क्या-सब एक ही ख़ुदा की उपासना में लगे थे। कुछ समय तक बाबा इन्तज़ार करने लगे- तभी एक बच्चे ने कहा- ''बाबा आ गये, बाब आ गये।'' ये सुनकर सब अपनी-अपनी उपासना समाप्त करके बाबा के पास आ गये और सबने बाबा का शुक्रिया अदा किया और कहा, "बाबा आपके बताये हुए दोनों ही रास्ते हमने हमेशा के लिए चुन लिये क्योंकि इसमें बहुत सुकून है। हम कमाई और ख़र्चा दोनों ही बराबर बाँट लेते हैं। इसलिए अब हमें बकरियों का रोज़ाना चुगाने का जो सिक्का मिलता था, वो बच जाता है।'' सबने अपनी कमर से सिक्के निकालकर सामने रख दिए और बोले, ''बाबा आपकी बताई हुई राह से हमने ये बचाये हैं इसलिए हम चाहते हैं कि ये सब आप रखें।''

बाबा ने कहा- ''नहीं, ये मेरी ज़रूरत नहीं। मेरी ज़रूरत कुछ और है। अब मेरी तीसरी बात मानो।'' सबने कहा- ''कहो बाबा।'' बाबा ने बताया- ''जिस तरह से तुमने हर दिन का सिक्का बचाया है, उसी लगन और मेहनत से आगे

भी बचाना है। समय किसी के लिए नहीं रुकता इसलिए मैं तुम्हें रास्ता बताता हूँ– यहाँ से कुछ ही दूर शहर के नज़दीक एक अमीर की ज़मीन है– जो 10 सिक्के में एक छड़ी ज़मीन बेच रहा है और हर एक के लिए 10 छड़ी ज़मीन बहुत है।'' उनमें से एक बोला- ''उनकी छड़ी कितनी बड़ी है।'' बाबा ने अपनी तरफ़ इशारा करते हुए कहा, ''मेरे क़द के बराबर- 10 सिक्के में एक छड़ी लम्बी और चौड़ी। 10 छड़ी बहुत है- तुम्हारे एक के लिए।''

सबने कहा- ''पर, हमारे पास तो इतना नहीं है, बस 15-16 सिक्के हैं।'' बाबा मुस्कुराये और बोले- ''तुम सब कितने लोग हो जो काम करते हो, जो परिवार वाले हो।'' उन लोगों ने कहा- ''हम लोग 19 आदमी हैं।'' बाबा ने कहा, ''देखो, तुम सब हर दिन एक सिक्का जमा करोगे और हफ़्ते के 7 सिक्के एक जगह जमा करोगे। 19 लोगों का कुल सिक्का 133 होगा। ये सिक्के उसको मिलेंगे जिसकी बीवी सबसे ज़्यादा टोकरी उस हफ़्ते बनाएगी। और जिसे 133 सिक्के मिल जाएं, तो 100 सिक्के से ज़मीन ख़रीद लेना और 33 सिक्के में से 19 सिक्के तुम आपस में बाँट लेना बतौर मज़दूरी ताकि तुम सब मिलकर उसकी झोंपड़ी बना सको।''

''इसी तरह से हर एक को हर हफ्ते में घर मिल जायेगा और बच्चों को कीड़े-मकौड़े से बचाव।'' बाबा की बात उन्हें बहुत अच्छी लगी। उनमें से एक ने बाबा से कहा- ''बाबा क्या मालूम वो अमीर ज़मीनदार हमें ज़मीन न दे।'' बाबा ने कहा- ''नहीं, मैं तुम सबके लिए उनसे बात कर चुका हूँ। बस, तुम लोग तैयार हो जाओ- आज और अभी से।'' उनमें से एक और ने कहा, ''आज से कैसे होगा। हमें तो पता ही नहीं, कौन कितनी टोकरी बनाता है।'' बाबा मुस्कुराये और बोले- ''आज टोकरी पर नहीं। आज तुम्हारे आपसी मोहब्बत और प्यार को देखना है कि आज आप लोग बग़ैर शर्त के किसे चुनते हैं।''

उनमें से एक औरत जो बहुत कमज़ोर थी जिससे काम बहुत कम होता था, वो किसी भी हाल में शर्त के मुताबिक़ नहीं चल पाती। सबने उसी को सात-सात सिक्के दे दिए। बाबा फिर चले गये।

दूसरे दिन बाबा के बताये हुए अमीर के घर इनमें से चार ग़रीब पहुँचे। उनके दरबान से बाबा के बारे में बताया। अमीर ने दो नौकरों को भेजा और हुक्म दिया- ''जाओ, उन्हें उनके मुताबिक़ ज़मीन दे दो- साथ ही हमारा हुक्मनामा।'' ऐसा ही हुआ 10 छड़ी ज़मीन उन्हें उनकी पसन्द के मुताबिक़ नाप दी गई और पैसा ले लिया गया। इन चारों ने अपनी-अपनी बकरियाँ बाक़ी के लोगों के

हवाले कर दी थीं। इसलिए जल्द ही ये चारों ख़ुशी-ख़ुशी अपने साथियों में जा पहुँचे जो बकरियाँ चुगा रहे थे।

सब खुश हो गये और सबने आपस में हाथ मिलाया कि "देखो कुछ लोग बकरियाँ देखेंगे और कुछ लोग झोंपड़ी के लिए घास और लकड़ियाँ इकट्ठी करेंगे।" इन लोगों ने ऐसा ही किया। थोड़ा-थोड़ा कर के तीन दिन में झोंपड़ी तैयार हो गई। अब उसमें रहने की बारी आई तो उसने मना कर दिया। जब तक कि सबकी झोंपड़ी तैयार न होगी, कोई पहले नहीं जायेगा। सब आपस में बहुत खुश थे और बाबा की बहुत प्रशंसा कर रहे थे। इधर औरतें खूब तेज़ी से टोकरियाँ बनाने में लगी थीं ताकि पहले मेरा घर हो। आख़िर हफ़्ता आ गया और जब हर दिन की टोकरियाँ जोड़ी, तो सबने तीन-तीन टोकरियाँ ज़्यादा बनाई थीं, और एक ने सबसे ज़्यादा। इसी तरह से हर हफ़्ते में एक ज़मीन ले लेता और तीन दिन में झोपड़ी बन जाती। 19 सिक्के आपस में बाँट लेते बतौर मज़दूरी और बाक़ी के 14 सिक्कों से झोंपड़ी का सामान खरीद लाते।

इसी तरह से 18 हफ़्ते पूरे हो गये। सबकी मेहनत रंग लाई। सबका इत्तेफ़ाक मिलाप-रंग लाया। आज से सब घरवाले बन गये। अब सबको बाबा का इन्तज़ार था। कई रोज़ बीतने के बाद बाबा आये। सबने अपनी ख़ुशी प्रकट की और बाबा का शुक्रिया अदा किया।

बाबा ने कहा- ''अब बताओ तुम लोगों के पास कितने सिक्के बचे हैं'', सबने कहा- ''हमारे पास तो कुछ नहीं बचा सिवाये 7-8 सिक्कों के।'' तभी औरतें बोल पड़ीं, ''हमारे पास हैं", "कितने हैं", ये पता नहीं, गिनना पड़ेगा।''

बाबा ने पूछा- ''ये सिक्के कैसे बचा पाये'' तो औरतों ने कहा- ''पहले हम टोकरियाँ भारी मन से बनाते थे। कभी मन में तेज़ काम करने की इच्छा नहीं जागी पर जब से आपने कहा कि जो ज़्यादा टोकरी बनायेगा, उसी को पहले 133 सिक्के मिलेंगे, वही पहले ज़मीन लेगा, वही पहले झोंपड़ी बनायेगा इसी इच्छा में ज़्यादा कोशिश करते और पहले के मुक़ाबले 2-3-4 टोकरी ज़्यादा बनाते। पहले जितना बनाते थे, उतना ख़र्चा हो जाता था, पर अब 3-4 टोकरियों का पैसा बच जाता है, और आपके बताने के मुताबिक हम कुछ टोकरियां दूसरे इलाके में भी बेच आते हैं जहाँ हमें पूरा दाम मिलता है– ये सिक्के वही हैं।''

बाबा ने सबके सिक्के गिने–हर एक की थैली में, इस 18 हफ़्ते में 150-160-180 सिक्के जमा हो गए थे। इनकी लगन और मेहनत से बाबा

बहुत खुश हुए। तब बाबा ने कहा- ''अब तुम्हें आज़ादी के साथ जीने का हक़ है। अब तुम्हें ज़मीनदारों की बकरियाँ चराने की ज़रूरत नहीं। उनसे कह दो कि अब आप जल्द से जल्द चरवाहा ढूँढ लें क्योंकि अब हम अपनी खुद की बकरियाँ चरायेंगे। अब तुम सबके पास पाँच-पाँच बकरियाँ ख़रीदने के लिए सिक्के हैं। तुम उन्हीं ज़मीनदारों से ख़रीद सकते हो और उन्हीं को दूध बेच सकते हो।'' ऐसा ही हुआ कुछ ज़मीनदारों ने इन्हें बकरियाँ बेच दीं और दूध भी इन्हीं से लेने लगे।

अब बाबा के बताए तीन रास्ते इन लोगों ने अपना लिए। आगे भी हर काम इसी तरह से करते रहे और इसी तरह तरक़्क़ी करते रहे। अब हर एक के पास 40-50 बकरियाँ हो गईं थी। झोंपड़ियाँ मिट्टी के घरों में बदल गई थीं।

एक दिन ये लोग बाबा को याद करने लगे और आपस में बोले- ''बाबा बहुत दिनों से नहीं आये। रब न करे बाबा कहीं......'' ये सोचकर सब रोने लगे। रात को रोते सुन ज़मीनदार के पहरेदारों ने ज़मीनदार से कहा कि- ''मालिक, जिन लोगों को आपने अपनी ज़मीन पर बसाया है, वो बहुत रो रहे हैं।'' ज़मीनदार ने कहा, ''क्या बात है, अब तो उनके पास सबकुछ है जाओ पता लगाओ।''

नौकरों ने ऐसा ही किया। पता लगाकर मालिक को सारा माजरा सुनाया कि, ''किसी बाबा की याद में रो रहे हैं। उन्हें डर है कि जिसने उन्हें राह दिखाई और उन्हें जीने का मतलब समझाया, कहीं वो इस दुनिया से चला तो नहीं गये।'' मालिक ने सारी बात सुनी। उसके बाद नौकर को कहा, ''जाओ, ये लोग बड़े ही अच्छे मन के मालूम पड़ते हैं। उन्हें बताओ कि जिस ज़मीनदार ने तुम्हें अपनी ज़मीन बेची थी, आज उसी की झोली ख़ाली है और इलाज के लिए उनके पास न ज़मीन है, न कोई पैसा। उनसे पूछो कि क्या उनका घर ख़रीदेंगे।'' नौकर ने ऐसा ही किया।

ये सुनकर सारे के सारे ख़ामोश हो गये और पूछे- ''हम लोग कब आएं?'' नौकर ने कहा, ''सुबह आओ।'' ये सारे के सारे सुबह भोर से भोर उठे और ज़मीनदार के दरवाज़े पर दस्तक दी। दरबान ने मालिक से कहा- ''वो लोग आ गये हैं।'' मालिक ने कहा, ''उनकी क़ीमत जानो।'' नौकर ने क़ीमत पूछी- ''क्या दोगे इस घर का?'' तो सब के सब घुटनों के बल गिर पड़े और बोले, ''नहीं, हम इस घर को ख़रीदने नहीं आये हैं। हम तो इसके मालिक को

बचाने आये हैं; जिसने हमें इन्सान समझा और हमें रहने के लिए ज़मीन दी; उनका शुक्रिया अदा करने आये हैं।''

सब ने अपनी-अपनी पैसों की थैली आगे बढ़ा दी। नौकर ने देखा, इनमें बहुत से सिक्के हैं। हर थैली में लगभग 400-500 सिक्के थे। दरबान ने सारी थैलियां उठाकर-उनकी बात और थैली मालिक के आगे रख दी। ये देख मालिक की आँखों से आँसू निकल पड़े और वह तड़प कर बाहर निकल आये। सब मालिक को देख- हैरान रह गये और खुशी से क़दमों में गिर पड़े। मालिक ने कहा, ''नहीं, तुम लोगों की जगह क़दमों में नहीं, मेरे दिल में है।'' सबको उनकी थैली वापस कर दी और ढेर सारा प्यार और दुआएं दीं।

असल में यह मालिक ही इनका बाबा था।

इस किस्से से तीन बातें समझ में आईं-

1. अच्छा इन्सान वो है, जिसके स्वभाव से दूसरों को फ़ायदा पहुँचे। इसी तरह ज़मीनदार ग़रीबों की ग़रीबी नहीं देख सका। वो रातों को सोचता था- ये लोग जंगल में रहते हैं, कहीं इनके बच्चों को कोई ज़हरीला जानवर न काट ले। ज़मीनदार से इनकी दुख-परेशानी देखी नहीं गई और उसने अपना भेस बदल कर उनकी ज़िन्दगी बदल दी और उनके दिलों को जीत लिया।

2. उसने उन लोगों को सिखाया, जो एक ही घर में रहकर अलग-अलग खाना-पीना कर लेते हैं- जिससे ज़्यादा ख़र्चा और वक़्त की बचत नहीं होती और न ही आपस में मोहब्बत, प्रेम-भाव ही रह जाता है।

3. बाबा ने एक ख़ूबसूरत टीम बना ली, जिसका रिश्ता सीधा दिलों से है। अब बाबा जमीनदार की तड़प इनकी तड़प है। ये है एक मक़सद का नेटवर्क। बाबा का मक़सद उन्हें जंगल और ग़रीबी से निजात दिलाना था। इसमें बाबा का कोई अपना स्वार्थ नहीं था और न ही कोई मतलब, पर इस एक मक़सद ने कई घर बनाये- एक इन्सानियत का, दूसरा पुण्य का, तीसरा दिलों का।

जब कोई नेट बनाना चाहे, तो उसे नेटवर्किंग के मूल मंत्र आने चाहिए।

•

नेटवर्किंग के मूल मन्त्र

करियर विशेषज्ञ बताते हैं कि आज बहुत-सी नौकरियों का प्रचार नहीं किया जाता या उनका पब्लिक में ऐलान नहीं किया जाता जबकि इसकी जानकारी वर्ड ऑफ माउथ या नेटवर्किंग से की जाती है– जिसे हिडन (छिपी हुई) जॉब मार्किट कहा जाता है। फिर भी इस जानकारी के अलावा बहुत से नौकरी ढूँढने वाले नेटवर्किंग को पूरी तरह से इस्तेमाल नहीं कर पाते।

नेटवर्किंग का मतलब है अपने कॉनटैक्स की एक बड़ी सूची तैयार करना जिनसे आप बहुत से सामाजिक और व्यापारिक कार्यक्रमों में मिलते हैं– और उन कॉनटेक्ट को अपने फ़ायदे के लिए इस्तेमाल करना, जब आप कोई नौकरी ढूंढ रहे हों। आपके नेटवर्क में लोग आपको जॉब गाइड कर सकते हैं या आपको एक ख़ास कम्पनी और उद्यम (industry) के बारे में बता सकते हैं या फिर आपको सलाह और जानकारी दे सकते हैं, दूसरों से परिचित करा सकते हैं, ताकि आप अपने नेटवर्क को बढ़ा सकें।

सबसे ख़ास जगह अपने नेटवर्क को बढ़ाने की है– अपने परिवार, दोस्तों और पड़ोसियों के साथ और उनके परिवार, दोस्तों और पड़ोसियों के साथ। पर वहाँ रुकिये मत– अपनी इंडस्ट्री के को-वर्कर और कलीग के साथ बात करो और उनसे जिसे आप इंडस्ट्री की सभाओं जैसे व्यापारिक प्रदर्शन (trade shows) और सम्मेलन में मिलते हैं। अपने पुराने को-वर्कर, मालिक और अध्यापकों से बात कीजिए।

एक कामयाब नेटवर्किंग की कुन्जी है

पहला - आपको ऑर्गनाइज़ होने की ज़रूरत है। उदाहरण के लिए- एक व्यापारिक कार्ड फाइल रखना।

दूसरा - आपको चाहिए कि कॉन्टैक्ट में रहें। उदाहरण के लिए:- नियमित फोन कॉल, ई-मेल और ग्रीटिंग्स के ज़रिये।

तीसरा - आपको चाहिए कि आप अपने लिए लक्ष्यों को साध लें जैसे कि पाँच नये कॉनटैक्ट हर हफ़्ते।

सफलता के क़दम

1. शुरू करने का एक बेहतर तरीका है कि आप (Domination effect) हुक्म चलाने वाला प्रभाव को दूर करें। यहाँ सब इन्डिपेन्डन्ट रेपरिज़ेनटिटिव हैं। कोई किसी का बॉस नहीं।
2. आप अपनी ख़ूबियों और कमज़ोरियों को एक बार दोहरा लें। आपको कुछ फैसले नौकरी के लिए करने होंगे कि आप किस तरह की नौकरी चाहते हैं और कैसी कम्पनी और उद्यम आप चाहते हैं।
3. आप फैसला करें कि किस तरह से अपने नेटवर्क को आर्गनाइज़ करना है। ये क़दम बहुत ज़रूरी है आपकी कामयाबी के लिये। आपको एक रिकॉर्ड रखना होगा जिसमें आपको ख़ास जानकारी जैसे नाम, विषय, कम्पनी के नाम, पता और संपर्क तिथि की सूची रखनी होगी।
4. ये बहुत ज़रूरी है कि आप अपने नेटवर्क के टच में रहें- जो कि आप आसानी से कॉनटैक्ट, फोन, मेल, या ई-मेल द्वारा कर सकते हैं।
5. एक सबसे अच्छा तरीका एक नौकरी या इन्डस्ट्री के बारे में जानकारी हासिल करने का और उस फील्ड में कॉनटैक्ट या नेटवर्क बनाने का है कि आप उन लोगों से बात करें जो फिल्हाल फील्ड में काम कर रहे हैं।
6. कुंजी यह है कि आप अपने नेटवर्क को अपने हालात के बारे में सूचित करते रहें और उन्हें उनकी मेहनत के लिए धन्यवाद करते रहें और नेटवर्क को हमेशा कॉमप्लिमेन्ट द्वारा प्रोत्साहित करते रहें। उनमें पेशन्स, परसिस्टेन्स के गुण पैदा करते रहना चाहिए।
7. आप अपने नेटवर्क के लिए हर वक़्त तैयार रहें। उनकी मदद करने के लिए, उनकी परेशानियों को दूर करने के लिए। इस तरह से आपका नेटवर्क आपकी ताक़त बन जाएगा।

दोस्तों, इस नेटवर्क मार्किटिंग के व्यवसाय में सफलता पाने के लिए सबसे पहले अपने छोटी और बड़ी मुद्दत के लक्ष्य (short- term & long-term goals) तय कर लें। मगर, इसका अर्थ ये नहीं कि जब आप अपने छोटी मुद्दत के लक्ष्यों को प्राप्त कर लें तो आप ज़िन्दगी आनन्दमय गुज़ार सकते हैं, बल्कि इन्हें हासिल करने के बाद आप अपने बड़ी मुद्दत के लक्ष्यों की प्राप्ति के लिए 'और' ज़्यादा मेहनत कर उन्हें भी पा सकते हैं और तभी आप पूरी तरह से संतुष्टि महसूस कर सकते हैं।

•

नेटवर्किंग का भविष्य क्या है

एक अनुमान के मुताबिक़ डायरेक्ट मार्किटिंग वर्ष 2012 तक 10 करोड़ तक पहुँच जाएगी।

आज हमारा देश हिन्दुस्तान ही नहीं, बल्कि दुनिया के हर मुल्क में मल्टी लैवल मार्किटिंग अपना क़दम जमा रही है। डायरेक्ट मार्किटिंग, MLM के लिए एक अहम एवं पावरफुल ज़रिया है- नेटवर्किंग जो एक दूसरे से जुड़ने पर ही हो सकता है।

नेटवर्किंग करने के लिए या एक अच्छा नेट तैयार करने के लिए ज़रूरी नहीं कि आप एक हज़ार से 15 हज़ार रु. ख़र्चा करें। एक अच्छे व्यक्ति के लिए एक अच्छा नेटवर्क होना ज़रूरी है जैसे कि एक कपल (दंपत्ति) के लिए उसके घर में सन्तान का होना, वरना दुनिया कई भद्दे शब्दों से पुकारने लगती है जैसे बाँझ, निपुत्र वगैरह।

इसी तरह से एक इन्सान जो अपनी जॉब में मस्त है, पर वो समय से बेख़बर है– बस घर, और घर से ऑफ़िस, कोई पहचान नहीं, कोई दोस्त नहीं- बस अपने काम से काम। ऐसी महँगाई में जॉब छूट जाये या बॉस कम्पनी से निकाल दे तो कम्पनियों के धक्के खाने पड़ते हैं, या अख़बार का सामना करना खंगालने पड़ते हैं और ये दिक़्क़तें हमें महीना, दो महीने, चार से छः महीने भी उठानी पड़ सकती हैं। या वो लोग जिन्हें अभी तक जॉब की तलाश है या वो कम्पनी जिन्हें वर्कर की ज़रूरत है, वो पेपर में आये दिन क्लासीफाइड देते रहते हैं– पर उन्हें बेहतर वर्कर नहीं मिलता।

वो इसलिए कि कुछ लोगों ने एक हिसाब से पेट पालने का ज़रिया बना रखा है। वो लोग ग़रीब बेरोज़गारों से अपना रोज़गार चलाने लगते हैं और उन ग़रीब बेरोज़गारों को दौड़ा-दौड़ा कर परेशान कर देते हैं– कभी रिज़्यूम लाओ तो कभी ये तो कभी वो।

आख़िरकार थक-हार कर वो ग़रीब अपने दोस्तों से बारी-बारी मिलता है और अपनी नौकरी के लिए कहता है। दोस्तों को उसकी हालत पर तरस आता है– वो अपने बॉस से अपने दोस्त की तारीफ़ करता है और बॉस दो-चार दिन में उसे नौकरी दे देता है।

तो आख़िर में काम आया दोस्त यानी कोई अपना। इसी को नेटवर्किंग कहते हैं। यही है डायरेक्ट मार्किटिंग।

आज की सतरंगी दुनिया में सबसे अच्छी मार्किटिंग यही है, जिसमें हमें जॉब से लेकर वस्तुएँ, वर्कर एवं हर वो चीज आसानी से मिलती है जो दूसरे तरीक़े से नहीं मिल सकती।

हाँ, शर्त ये है कि नेटवर्क तैयार करने में सबका एक ही मक़सद हो– वो है अपनी पहचान बनाना– वो भी अच्छाई के साथ, न कि मतलब व लोभ के साथ।

कुछ लोगों में ये झिझक होती है कि वे पहचान कैसे बनायें, वे खुद को इस लायक नहीं समझते।

इसके लिए चाहिए कि पहले खुद को पहचाने, फिर पहचान बनाये। आइये खुद को पहचानें 'अपनी पहचान' से-

•

अपनी पहचान
(Self Identity)

एक दिन, एक गणितज्ञ ने ज़ीरो 0 से लेकर नौ 9 तक की संख्या की एक मीटिंग बुलवाई।

ज़ीरो कहीं नहीं मिला। उन्होंने ज़ीरो को बहुत ढूँढा और आख़िरकार एक झाड़ी के पीछे उसे पाया। संख्या [1] और [7] ने ज़ीरो [0] को पकड़ा और उसे मीटिंग में लेकर आये।

गणितज्ञ ने ज़ीरो से पूछा, "ज़ीरो, तुम छिप क्यों रहे थे?"

ज़ीरो ने उत्तर दिया, "सर, मैं ज़ीरो हूँ, मेरा कोई मूल्य नहीं है। मैं इतना परेशान था कि मैं झाड़ी के पीछे छिप गया।"

गणितज्ञ ने कुछ देर सोचा और फिर संख्या [1] को समूह के सबसे आगे खड़े होने को कहा।

"इसकी क्या क़ीमत है?" गणितज्ञ ने समूह से, [1] की तरफ़ इशारा करते हुए पूछा।

"एक", सबने जवाब दिया।

फिर उसने ज़ीरो को एक की दायीं तरफ खड़ा किया और पूछा, "इस संख्या की क्या क़ीमत है?"

"दस", सबने उत्तर दिया।

उसने इसी तरह से बहुत से ज़ीरो को खड़ा किया और [1] की क़ीमत को एक सौ, हज़ार, दस हज़ार और एक लाख तक बढ़ा दिया।

"अब तुमने देखा ज़ीरो- संख्या [1] की खुद से कोई इतनी क़ीमत नहीं थी। पर , जब तुम [1] के साथ खड़े हुए, तो तुमने [1] की क़ीमत को दस,

सौ, हज़ार और एक लाख तक बढ़ा दिया। हमारी सबकी कुछ क़ीमत है। तुम अपने हिस्से का थोड़ा काम करो और तुम मूल्यवान हो जाओगे।''

उस दिन से ज़ीरो ने कभी नहीं सोचा कि वो बेक़ार है। उसने सोचा- "अगर मैं अपना काम उतने बेहतर ढंग से पूरा करूँ जितना कि मैं कर सकता हूँ, तो वो मेरी योग्यता के मुताबिक़ होगा। इसके अलावा, जब मैं औरों के साथ हाथ मिलाता हूँ, तो हम सबका मूल्य बढ़ जाता है।"

''जब हम मिलकर काम करते हैं, तो बेहतर करते हैं।''

"We work Better when we work Together."

•

आपका नज़रिया

दोस्तों, आपकी कामयाबी और नाकामी में आपके नज़रिये का बड़ा ही महत्व है।

इन्सान जाति को ग़लत धारणााओं ने चारों ओर से घेर रखा है और इन्सान बुद्धिजीवी होने के बावजूद कुछ नहीं सेाच पाता। अगर समझ में आती है तो बस ग़लत धारणायें– ऐसा नहीं करना, वैसा नहीं करना, ऐसा करने पर हार सकते हैं, वैसा करने पर नुकसान है इत्यादि।

पर दोस्तों, मनुष्य को ईश्वर ने बुद्धिजीव पैदा किया है, अच्छाई और बुराई का (ज्ञान दिया है- इसका मतलब ये नहीं कि किसी एक चीज़ के पीछे आप पड़े रहें। ईश्वर ने इन्सान को जब पैदा किया तो उसी क्षण मौत को भी संग कर दिया। मृत्यु हर पल अपनी ताक लगाये रहती है- 'कब मौका मिले और मैं कामयाब हो जाऊँ।' पर, हमारे मिज़ाज में एक बात परम्परा अनुसार घर कर गई है वो यह कि– बच्चा पढ़ेगा, बड़ा होगा, डॉक्टर, इन्जीनियर या वकील बनेगा, शादी होगी, बच्चे होंगे वगैरह, पर इतनी बड़ी यात्रा में कभी यह नहीं सोचता कि हो सकता हो कि रास्ते में सब कुछ समाप्त हो जाये, गाड़ी ख़राब हो जाये। अगर ऐसा सोच ले तो शायद हम दो पग भी न चल सकें। ठीक इसी तरह से हमें दूसरे कामों को भी अन्जाम देना चाहिए। दूसरे कार्य में हम क्यों अपनी सकारात्मक सोच क़ायम नहीं रख पाते।

जब हम मौत जैसे बड़े रिस्क को पीठ पीछे लेकर चलते हैं और सामने आने वाले हर दुख का डट कर मुक़ाबला करते हैं। तो इसी तरह से हमें दूसरे कर्यों को भी करना चाहिए, तब हम ज़िन्दगी के शिखर को पा सकते हैं।

दुनिया का नाम ही अच्छाई और बुराई है। अगर सिर्फ़ इस दुनिया में अच्छाई ही हो और बुराई ख़त्म कर दी जाये, तो दुनिया–दुनिया नहीं स्वर्ग हो जाएगी। अच्छाई और बुराई के साथ ये दुनिया हमें बतलाती है कि हर कार्य

के, हर बात के, हर चीज़ के दो पहलू हैं- एक अच्छा एक बुरा, एक हार एक जीत- इनमें जीत पोज़िटिव कहलाती है और हार नेगेटिव। जिस तरह से बिजली के दो तार होते हैं और बिजली किसी एक तार के बग़ैर नहीं चल सकती। ठीक उसी तरह हम ज़िन्दगी का सफ़र सिर्फ़ अच्छाई के साथ नहीं कर सकते- कहीं न कहीं बुराई राह में ताक लगाये बैठी ज़रूर होगी।

हमें नेगेटिव पार्ट से घबराना नहीं चाहिए। असल में यही हमारी ज़िन्दगी को रोशन करने वाली तार है जिससे हमारी कामयाबी का बल्ब जल सकता है। अगर ये नहीं तो कुछ भी सम्भव नहीं-

दिन और रात

आग और पानी

धरती और आकाश

गम और खुशी

सुख और दुख

अच्छाई और बुराई

छोटा- बड़ा

ग़रीब- अमीर

जीत- हार

जीवन- मृत्यु

असल में ये आपस में दोस्त हैं, एक दूसरे के बिना अधूरे हैं। हर काम को ये मिलकर अन्जाम देते हैं। हमें इन दोनों के बीच जुदाई नहीं डालनी चाहिए। दोनों को साथ लेकर चलेंगे तो हमें कामयाबी हासिल करने से कोई नहीं रोक सकता।

जैसे रात हमारे लिए क्या है सिवाए नकारात्मक सोच के कुछ और नहीं; पर सोचिये अगर रात न होती तो हम सब पागल होते। इसी रात में छिपा है हमारा सुख, चैन, आराम जिसे हम सोकर प्राप्त करते हैं।

एक नज़र डालिये आप अपने खाने-पीने वाले पदार्थ पर

क्या पान बग़ैर चूने के ठीक है

क्या चाय बग़ैर पत्ती के ठीक है

क्या सब्ज़ी बग़ैर नमक के ठीक है।

दोस्तों इसी का नाम ज़िन्दगी है– हमें कामयाब होने के लिए रण-भूमि में उस समय तक लड़ना होगा जब तक कि हम जीत या हार न प्राप्त कर लें। 'रण-भूमि में जो घात करता है उसे तलवार कहते हैं और जो घात से रोकता है उसे ढाल कहते हैं।' दोनों का महत्व अलग-अलग है। ठीक उसी तरह से जीतने वाले और हारने वाले का भी।

अगर हम हारने वाले का नाम जिताने वाला रख दें तो जीतने वाले से ज़्यादा महत्व जिताने वाला का हो जाता है। हमें अपना नज़रिया बदलना होगा। कामयाबी हासिल करने के लिए दुश्मन को भी दोस्त की नज़र से देखना होगा।

''दोस्त बनकर दुश्मनों के संग रह

जिस तरह रहता है फूल सदा ख़ारों के बीच।''

लेखक- ए. एस. फ़ैज़

अच्छाई और बुराई, जीत और हार– हर क्षेत्र में है। अब आप खुद ही देख लीजिए– स्टोप का आना, साथ ही ग़लत नज़रिया, नकारात्मक सोच-स्टोप फट जाएगा। ऐसा हुआ भी है पर स्टोप की मार्किटिंग आप देख चुके हैं। शहर तो क्या गाँव भी स्टोप का शैदाई (चाहने वाला) था।

गैस सिलेन्डर- इसकी तो बात ही निराली थी। गैस सिलेन्डर के फटने और उससे होने वाले नुकसान ने लोगों में नकारात्मक सोच पैदा कर दी– पर लोगों ने नज़रिया बदला और अब गैस रसोई में ही नहीं, वाहनों में भी इस्तेमाल होने लगी है। अगर कहीं कोई दुर्घटना हो भी जाती है तो उससे हम और मज़बूती हासिल कर लेते हैं और सचेत हो जाते हैं।

हमें दायें-बायें दोनों ओर देखना होगा जैसे हमारी दो आँखें, दोनों को हम बराबर लेकर चलते हैं। ऐसा नहीं कि दायें साइड दाई आँख देखे, बायें साइड बाई आँख देखे।

देखिये सपेरे को- हम जिस साँप से डरते हैं वो उसी से पेट पालते हैं– नचाकर तो कभी गले में लटकाकर। बस नज़रिया बदला है और कुछ नहीं बदला। जंगल का राजा शेर या विशाल हाथी को, अगर इन्सान मिल जाये तो चीर फाड़ डाले, पर उसे इन्सान सर्कस में नचाता है और अपनी रोज़ी रोटी कमाता है। अगर वे सोचे कि 'नहीं' ये शेर हमें कभी भी खा सकता है, तो क्या सर्कस चलेगा। रिस्क हर मोड़ पर है- पहला जब साँस लेते हैं, दूसरा जब साँस छोड़ते हैं।

आज से 156 वर्ष पहले जब सवारी रेलगाड़ी बम्बई के बोरीबन्दर स्टेशन से कल्याण (थाने) तक 16 अप्रैल 1853 को चलाई गई थी तब उस समय का दृश्य ही कुछ और था। ये 18 डिब्बे वाली गाड़ी जब 34 किलोमीटर का सफ़र तय कर रही थी तो उसमें बैठे 400 यात्रियों का दिल ज़ोर-ज़ोर से धड़क रहा था कि कहीं रेलगाड़ी पटरी न छोड़ दे। कई प्रकार की नकारात्मक सोच उत्पन्न हो रही थी।

उस समय लोग रेल में फ़्री में भी यात्रा नहीं करना चाहते थे। पर आज देखिये 30 दिन पहले से ही आरक्षण कराना पड़ता है वरना सफ़र सम्भव नहीं। वहीं 2003 में दिल्ली में तीस हज़ारी से शाहदरा तक मैट्रो ट्रेन चलाई गई तो 7 रु. देकर मेट्रो में बैठने वालों की इतनी बड़ी कतार थी कि शायद इतनी बड़ी क़तार कहीं और नज़र आती!

हर कार्य की शुरूआत में नकारात्मक धारणायें होती हैं और यही सोच हमें चुनौती देती है कामयाब होने की। हमें कामयाब होने के लिए चाहिए कि जो भी कार्य हो उसे सकारात्मक सोच के साथ करना होगा तभी हम शत प्रतिशत कामयाब हो सकते हैं।

हमारा विश्वास बिल्कुल ऐसा होना चाहिए जैसे ताश के 52 पत्ते जिसमें 4 इक्के होते हैं। अगर आप उन इक्कों को तलाश करना चाहते हैं तो एक-एक पत्ते से गुज़रना होगा। कोई ज़रूरी नहीं, हो सकता है कोई इक्का पहले भी मिल जाये या चारों इकट्ठे ही मिलें, पर इसका मतलब यह नहीं कि अगर शुरुआत में आपको इक्का नहीं मिला तो कभी नहीं मिलेगा। ऐसा नहीं है दोस्तों, अगर आप अपने आत्मविश्वास से अपनी मेहनत से चल रहे हैं तो हर पत्ते से गुज़रते रहें। 10-20-30-40वें पत्ते के बाद कुछ लोग नाबीने की तरह निराश हो जाते हैं, मगर देखने वाली बात है और समझने वाली भी कि 52 पत्तों में से 40 आप देख चुके हैं और 12 पत्ते हैं जिसमें 4 इक्के हैं। इस स्थिति में आशावादी होने की ज़रूरत है न कि निराशावादी।

फैसला आपके हाथ में हैं कि अब आप कैसे अपने कार्य-क्षेत्र में काम करना चाहेंगे।

•

नेटवर्क मार्किटिंग के प्रति नकारात्मक रूख़ क्यों?

दोस्तों कुछ लोग नेटवर्क मार्किटिंग से दूर भागते हैं, ऐसा क्यों?

यह आपको आगे बताया जा रहा है। इसमें जो उदाहरण दिये गये हैं, उन्हें ग़ौर से पढ़ने और समझने की ज़रूरत है। सफलता पाने में और असफल होने में हमारा खुद का बड़ा हाथ होता है।

पहला कारण- कुछ कम्पनियां ऐसी भी आईं, जिसने लोगों को नेटवर्क मार्किटिंग का सपना तो दिखाया, पर उन्हें दिया कुछ नहीं– न तो प्रोडक्ट और न ही उनकी मेहनत का मूल्य।

दूसरा कारण- नेटवर्क मार्किटिंग की शिक्षा है जो हासिल किये बग़ैर नेटवर्कर नेटवर्क चलाना शुरू कर देते हैं। जब हमें स्वयं कोई ज्ञान नहीं, तो दूसरों को क्या प्रेरित करेंगे। इस तरह लोग अपनी मंज़िल तक नहीं पहुँच पाते और दोष प्रायोजक (sponsor) और कम्पनी पर लगा देते हैं।

तीसरा कारण- कुछ लोगों का नज़रिया कुछ ऐसा भी होता है कि हम तो सदस्य बन चुके हैं, बस तीन-चार सदस्य बना देते हैं– फिर हमारी ज़िम्मेवारी ख़त्म, कम्पनी से तो पैसा मिलेगा ही। यही नज़रिया उसे और उसकी टीम को असफल कर देता है और फिर यही लोग, लोगों में नेटवर्क मार्किटिंग के प्रति गलत धारणा फैलाते हैं– 'हम तो डूबे हैं सनम, तुमको भी ले डूबेंगे हम।'

अर्थात- हम तो कामयाब हो न सके और तुम्हें कामयाब होने नहीं देंगे। यही इनका नारा है।

चौथा कारण- खुद हमारा है, जैसे कि हम लोग छोटी मुद्दत के लक्ष्यों को प्राप्त करके ज़िन्दगी आनन्दमय गुज़ारने की सोच लेते हैं और बड़ी मुद्दत के लक्ष्यों को भूल जाते हैं। मैं इसका एक ऐतिहासिक उदाहरण दे रहा हूँ-

हिन्दुस्तान की स्वतन्त्रता

हिन्दुस्तान की स्वतन्त्रता हमारे देश के लिए इस सदी की सबसे महत्वपूर्ण घटना रही है। ये वो घटना है जिसको हक़ीक़त में लाने के लिए पिछले 100 सालों से हमारे देश के गुड माइन्डिड लोग और हज़ारों साधन लगे हुए थे और जिसके लिए सारा देश अपनी आँखें बिछाए हुए था। आज़ादी प्राप्त करने के लिए लोग किस हद तक उत्सुक थे, इसका अन्दाज़ा आप इन दो घटनाओं से लगा सकते हैं-

अमृत बाज़ार पत्रिका के प्रसिद्ध संपादक (editor) मोती लाल घोष सन् 1920 में प्राण त्यागने लगे तो उन्होंने कहा, ''अब मैं ऐसी दुनिया में जा रहा हूँ, जहाँ पर ब्रिटिश राज न होगा।''

दूसरी घटना जनवरी सन् 1931 की है, जब मरहूम (late) मौलाना मुहम्मद अली, गोल मेज़ कान्फ्रेन्स में शामिल होने लंदन गए थे। वहाँ उन्होंने, अपने ऐतिहासिक लेक्चर में कहा था– ''अब मैं हिन्दुस्तान, उसी वक़्त वापस जाऊँगा, जब हिन्दुस्तान की आज़ादी का परवाना मेरे हाथ में होगा। अगर आपने हिन्दुस्तान में हमें आज़ादी नहीं दी तो याद रखिए, आप को अपने यहाँ, मुझे कब्र की जगह देनी होगी।''

"Now I will return to India only when the Document of India's freedom will be in my hand. If you wouldn't give us freedom in India, then do remember, you have to give me the place of grave in your country."

इन दो घटनाओं से अन्दाज़ा होता है कि अंग्रेज़ी शासन के दौर में जो लोग हिन्दुस्तान की आज़ादी के लिए निरंतर प्रयास कर रहे थे, उस स्थिति में उनकी भावनाएं किस क़दर थीं। हिन्दुस्तान को आज़ाद देखने की ये तड़प जो देश के वासियों में थी, इसका कारण ये था कि वे लोग अपने देश को अपनी मर्ज़ी के मुताबिक बनाना चाहते थे। वे गंगा-यमुना के इस देश में ऐसी भरपूर और शान्तिमय ज़िन्दगी देखने के इच्छुक थे, जो यहाँ के वासियों को सुख और चैन से धनी कर दे। वे अपनी पसन्द के अनुसार एक नया हिन्दुस्तान बनाना चाहते थे, जिसका मौक़ा दूसरी हुकूमत में नहीं मिल सकता था। इसी सच्चाई को क्रान्तिकारी महात्मा गांधी जी ने अपने एक भाषण में कहा था-

''मेरा मिशन हर आँख के आँसू पोंछना है।''

"My mission is to wipe the tears of Every eye."

ये आवाज़ सारे हिन्दुस्तानियों के दिलों को छू गई थी। यही कारण था कि जब कांग्रेस ने आज़ादी और राष्ट्र की खुशहाली के लिए वेल्फेयर स्टेट बनाने का अभ्यान चलाया, तो सारे देश-वासियों ने एक साथ मिलकर उसका साथ दिया और इस ज़ोर-शोर से दिया कि अंग्रेज़ी हुकूमत की सारी ताक़त उसके सामने थक–हार गई। आज़ादी के नारे पर सारा देश किस तरह टूट पड़ा था, इसका अन्दाज़ा एक छोटी-सी घटना से लगाया जा सकता है जो पंडित जवाहरलाल नेहरू ने अपनी आप-बीती में लिखी है-

सन् 1930 में पंडित नेहरू एक जुलूस को गाइड कर रहे थे, जो आज़ादी की माँग के लिए निकला था। अंग्रेज़ी शासकों ने इस जुलूस को रोकने का फैसला किया और धारा (Act)144 का नोटिस जारी करके पुलिस ने एक अफ़सर को भेज दिया कि वो उस नोटिस को पंडित नेहरू तक पहुँचा दे। मगर जुलूस के साथ आदमियों की भीड़ इतनी ज़्यादा थी कि पुलिस अफ़सर, पंडित नेहरू की कार तक पहुँचने में कामयाब नहीं हुआ और नोटिस पुलिस अफ़सर के हाथ में ही रह गया।

उसके बाद, आख़िर वो मुबारक वक़्त आया, जब अंग्रेज़ इस देश को जांबाज़ देश-प्रेमियों के हाथ में देकर यहाँ से वापस चले गये। 15 अगस्त, 1947 की शाम– हम में से अक्सर लोगों को याद होगी। यही वो शाम है– जब हिन्दुस्तान को स्वतन्त्रता मिली। उस दिन हिन्दुस्तान का हर एक शहर चिराग़ों की रोशनी से जगमगा उठा था। ऐसा लगता था कि आकाश से, हिन्द की धरती पर तारे उतर आए हों। सारे देश ने बड़ी धूम से खुशियाँ मनाई थीं।

मगर अगले दिन जब सोकर उठे तो सारे चिराग बुझ चुके थे और उसके बाद, वो फिर कभी नहीं जलाये गए। अब भी 15 अगस्त आता है, पर देश को उससे कोई दिलचस्पी नहीं। आम शहर वासियों के नज़दीक इसका महत्त्व सिर्फ़ इतना है कि कैलेन्डर में 15 अगस्त की तारीख़ लाल-रंग से छपी होती है जो इस बात को सूचित करती है कि आज का दिन नैशनल हॉलिडे का है। 15 अगस्त सिर्फ़ एक हॉलिडे बनकर रह गया है। कुछ सरकारी इमारतों में मीटिंग होती है और स्कूल के अध्यापकों को संदेश भेज दिया जाता है कि वे बच्चों का जुलूस लेकर निकलें और गलियों, सड़कों में कुछ नारे लगवा दें।

ये आज़ादी जो एक सदी की कोशिशों के नतीजे में हासिल हुई थी– इसे कुछ वर्ष भी नहीं बीते थे कि लोग इसे भूल गए। यही नहीं, अब तो कुछ ऐसा भी सुनने को मिलता है कि "अंग्रेज़ों का दौर इस आज़ादी के दौर से अच्छा था।"

आज़ादी को मिले हुए 62 साल होने को आये, मगर अब भी हमारी सड़कों पर इन्क़लाब ज़िन्दाबाद के नारे लगते हैं और हमारे प्रधानमंत्री और राष्ट्रपति को काली झंडियाँ दिखाई जाती हैं, जिस तरह अंग्रेज़ी शासकों को दिखाई जाती थीं।

क्यों?– इसलिए कि ये सब हमारी अपनी ग़लतियाँ हैं जिसे हम औरों पर थोपते हैं। आज बड़ी आसानी से कोई भी किसी को लूटता है और हम खड़े-खड़े तमाशा देखते हैं क्योंकि हम एक अच्छे कलाकार हैं। लीगल को अनलीगल और अनलीगल को लीगल बनाना हमें बख़ूबी आता है। मगर अफसोस– उन ग़रीबों का क्या, जिन्हें कोई भी गवर्नमेन्ट की मोहर दिखाकर लूट लेता है– यह कहकर कि हमारी कम्पनी प्रा० लि० है। फिर जब कल होती है, तो न कम्पनी, न कम्पनी के प्रोमोटर्स ही नज़र आते हैं, रह जाती है तो बस एक नकारात्मक धारणा। इन्सान रुपये, पैसे के लालच में यह भूल जाता है कि हम जिसका गला काटते हैं, असल में वही हमारा आने वाला कल है।

जब हम इतनी बड़ी आज़ादी पाकर भी आज़ाद नहीं है, न हमारी माँ-बहन, न बीवी-बच्चे तो यह कमी किसकी कहेंगे– अपनी या फिर फिरंगियों की?

•

जादूगर डाकू

एक नेटवर्क मार्किटिंग कम्पनी हिन्दुस्तान को नेटवर्किंग सिखाने आई। इस कम्पनी का प्लैन मैट्रिक्स था A, B, C– उसने एक-एक लाख रु० के गद्दे बेचे और लोगों को बिज़निस दिया, दूसरों को लूटने का।

पर इस कम्पनी से वही लोग जुड़े जो जादू सीखना चाहते थे, और सीख भी गये। बर्बाद तो वो हुआ, जो न गद्दे पर ही सो पाया, न जादू ही सीख पाया क्योंकि वो समझ गया था कि यही वो कहावत है जो बचपन में पढ़ाई गई थी- "आ बैल मुझे मार।"

फिर क्या था- ये कम्पनी ऐसे गायब हुई जैसे गधे के सिर से सींग। पर इस कम्पनी से जो लोग जुड़े थे, ज्ञिन्होंने जादू सीख लिया था- अब इन्हें जादू का चमत्कार लोगों को दिखाना था।

तभी एक हूर और एक परी उतरी- एक पश्चिम की ओर से और एक पूरब की ओर से। फिर क्या था– ये गद्दे बेचने वाले जादूगर, हूर और परी के पीछे लग गये। कुछ ही समय में पूरब की परी भी लूप हो गई और रह गई पश्चिम की हूर। परी को छोड़ जादूगर हूर के पीछे पड़ गये। वो इसलिए कि हूर को जादूगरों की ज़रूरत थी और ये लोग मंझे हुए जादूगर थे। हक़ीक़त तो ये थी कि यही जादूगर इन दो कम्पनी के राज़दार थे। इन्हें पता था कि इनका स्वागत भारत में क्यों नहीं हुआ और हूर इस राज़ को जानना चाहती थी क्योंकि 'एक माइन्डिड नेटवर्कर को पता होना चाहिए कि नाकामयाबी का राज़ क्या है, लोगों के नेगेटिव सवाल क्या हैं।' धीरे-धीरे हूर ने अपना पलड़ा भारी कर लिया– क्या डॉक्टर, क्या मास्टर, धीरे-धीरे सब इस कम्पनी से जुड़ने लगे। प्लैन इसका भी वही था– मैट्रिक्स और कनडिशन भी वही थी।

एक दौर था 1999 से 2001 तक का– क्या रिक्शा चालक, क्या पान बेचने वाला, क्या झोपड़-पट्टी में रहने वाला, क्या सब्ज़ी बेचने वाला– सबके

गले में टाई। मैं उस दौर में बड़ा हैरान था– कि ये टाई हो गई या भगवान का कोई वरदान! ख़ैर हज़ारों आये हज़ारों गये। अक्सर लोग लुट गये– उन्हें उनकी मेहनत और वक़्त की कुर्बानी का सिला नहीं मिला। हूर ने अपना रूप दिखाकर गाँव-गाँव से पैसा बटोरा– चाहे वो बिहार हो या बंगाल, मुम्बई हो या दिल्ली। लाखों की तादाद मे I.D. No. देने वाली कम्पनी हूर आज इन्साफ़ से ये बताए कि क्या सच में सबको सबका हक़ मिला है? नहीं। क्या सच में आज़ादी है, क्या सच में बेशुमार पैसा है? क्या सच में ये सपनों को साकार करती है? हाँ, करती तो है, पर इस कम्पनी से जुड़े उन जादूगरों का, जो कमाल का जादू सीख चुके थे। जो ग़रीब, आज़ादी और ढेर सारा पैसा चाहते थे इन्हीं लोगों के सिर, कंधे, पेट-पीठ पर पैर रख कर आज ये 'जादूगर लोग' कामयाब हुए हैं।

आज इस कम्पनी से जुड़ने वाले हज़ारों-लाखों लोग अपनी थोड़ी-सी राशि और अपने समय को खोकर, वापस परम्परागत मार्किट में आ गये हैं। इस कम्पनी को छोड़ने वाले लोगों में तीन किस्म के लोग थे। पहले- वे जो समझ गये थे कि हम सिर्फ़ सीढ़ी हैं– हमें बोलना तो आता नहीं; क्या ख़ाक बिज़निस करेंगे।

दूसरे- वो लोग थे जिसने दुनिया को समझा, अच्छाई-बुराई को समझा, लोगों को पढ़ा कि किस तरह से लोग पेट भरते हैं, दोस्तों को बेचकर तो दोस्ती को बेचकर, इन्सानियत को बेचकर तो कहीं इन्सान को बेचकर। दौलत हासिल करने की होड़ ने किस क़दर अन्धा कर दिया है लोगों को कि वे अपने माँ-बाप, भाई-बहन, दोस्त-रिश्तेदार, मिलने वाले सबको सब्ज़ बाग दिखाकर एक कुर्सी हासिल करना चाहते हैं– जहाँ कुछ ही वक़्त के लिए ठंडक व आराम मिलेगा।

तीसरे- वे लोग थे जो इन कम्पनियों जैसी कम्पनी खुद़ खोलकर बैठ गये क्योंकि जादूगरी तो पहले ही सीख चुके थे, दिखावे के लिए 'हूर' से 50 हज़ार, 1 लाख, 1.50 लाख तक का चैक भी हासिल कर चुके थे ताकि सेमिनार, शेयरिंग एवं काउन्सिलिंग में बता सकें कि 'मैं उस कम्पनी को इसलिए छोड़ आया हूँ कि उसमें सच्चाई और ईमानदारी नहीं थी और मुझे पैसा नहीं, ईमानदार, दोस्त और साथी चाहिए। अगर मैं पैसा कमाता तो मैं हूर में ही कमा लेता क्योंकि मेरी पोज़ीशन वहाँ काफ़ी अच्छी थी और मैं आराम से हर महीने घर बैठे 50 हज़ार से 1 लाख कमा सकता था। देखिये मेरे कमाये हुए चैक 50 हज़ार से लेकर 1.50 लाख तक।'

फिर क्या था- ये भी कुछ लोगों को जादू की झप्पी से अपनी कम्पनी में शामिल करते और नेटवर्क मार्किटिंग की शिक्षा देते और फिर चल पड़ती गाड़ी एक नई कम्पनी की। फिर दूसरी, तीसरी कम्पनियों ने भी कमाल की

जादूगरी दिखाई। कोई तो विडिओकॉन टी. वी. देता तो कोई भगीरथ प्लेस से लोकल टी. वी. देता– अपनी कम्पनी का लोगो लगाकर। पर हज़ारों दिलों से उठते सवाल कि "नेटवर्क मार्किटिंग MLM मार्किट है? ये वो मार्किट है जिसमें मीडिएटर नहीं होते। ये डायरेक्ट सेल करती है, तो ब्रैन्डिड विडियोकॉन टी. वी. क्यों सेल कर रही है– जो पहले से ही परम्परागत मार्किटिंग में है, जिसका मीडिएटर भी है?"

जवाब- "अभी लोगों को जोड़ना है। बहुत जल्द हमारी कम्पनी घरेलू ज़रूरतों से संबंधित सामान का उत्पाद करेगी।"

"चलो ठीक है, तो फिर ये फीस क्यों, टी. वी. मत दो।"

"हाँ, कोई लेता है, कोई नहीं लेता– मर्ज़ी कस्टमर की,"

"तो, इस कम्पनी से जुड़ने के लिए पैसा नहीं चाहिए।"

"नहीं, ऐसा नहीं। तुमको ये कम्पनी काम देगी। बड़ा वर्ल्ड क्लास का बिज़नेस देगी। कल तुम एक बड़े बिजनेसमैन बनोगे, लाखों कमाओग– उसके लिए तुम्हें खुद को रजिस्टर्ड करवाना होगा, जिसकी ये रक़म है 6,500/-"

"फिर क्या मिलेगा?"

"बस, लोगों को लाओ, इस कम्पनी से जोड़ो, एक अच्छा नेट बनाओ।"

"तो, उन्हें क्या दें, जो हमसे जुड़ेंगे?"

"उनको भी बिज़नेस दो, इस कम्पनी में उन्हें-जगह दो ताकि आगे वो अपना बिज़नेस कर सकें। यही तो है 'स्मार्ट वर्क।"

"तो काम कब से शुरू होगा?"

"जब से तुम, लोगों को इस कम्पनी से जोड़ना शुरू कर दोगे।"

"वो कैसे?"

"जैसे तुम हमसे जुड़ गये और 6500/- फीस दे दी। मानो अब ये कम्पनी तुम्हारी, तुम यहाँ जब चाहो आ जा सकते हो, यहाँ से बिजनेस कर सकते हो। इसी तरह से तुम किसी भी दोस्त को अपने बिजनेस से जोड़ सकते हो, ताकि आगे मिलकर काम करो। क्योंकि कम्पनी में तुम अकेले तो काम कर नहीं सकते, उसके लिए जनरल मैनेजर, असिस्टेन्ट मैनेजर चाहिए। यही तो करना है तुम्हें– अभी सिर्फ़ अपनी टीम बनानी है। जब टीम तैयार हो जाएगी तो आप कमाना शुरू कर दोगे।"

"वो कैसे?"

जादू

"देखो"

"दिखाओ।"

"जहाँ तुम खड़े हो और जिस कम्पनी में काम करने जा रहा हो– ये कम्पनी नेटवर्क मार्किटिंग कम्पनी है। इसका प्लैन बाइनरी है जैसा कि तुम्हें बता दिया गया है। जब तक कि नेट नहीं बनाओगे– तुम यहाँ काम नहीं कर सकोगे; और नेट बनाने के लिए तुम्हें हमारी कम्पनी के प्रोडक्ट सेल करने होंगे जैसे टी. वी., ऐक्वागार्ड, इन्वर्टर आदि। अगर वे लोग ये सामान नहीं लेना चाहते और बिज़नेस पाना चाहते हैं तो सिर्फ़ 6500/– देकर वे इस कम्पनी के I. R. इन्डिपेन्डन्ट रेप्रिज़ेन्टिटिव बन जाएँगे।"

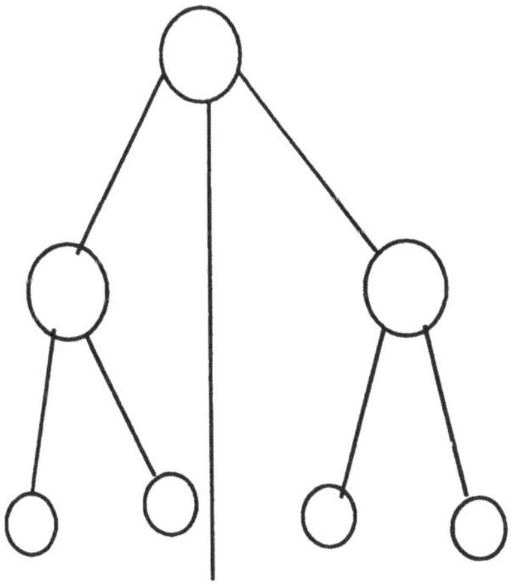

"जैसे ही आपसे कोई बिज़नेस माँगता है या आप उसे देते हो, तो वो आप से जुड़ जाता है।"

"जैसे A फिर किसी दूसरे को आपने बिज़नेस दिया तो B (देखिए fig. में) इस तरह से आप अपने G. M, A.M. चुन लेते हैं। इसी तरह से ये भी आगे काम करेंगे और अपना G. M., A.M. चुनेंगे ताकि ये भी बिज़नेस कर सकें। जैसे ही आपने A, B कमप्लीट किया, वैसे ही आपको 400/– रु. कम्पनी से मिल जाएँगे। जैसे आपके A और B अपने G.M, A.M., पूरे करते हैं तो उन्हें भी 400/– मिलेंगे; पर वे आपके

नेट में हैं इसलिए आपको भी उतना ही मिलेगा, बल्कि उन दोनों को जितना मिला है उतना-यानी 800/- मिलेगा। इसी तरह से हर आदमी अपने दो पूरे करता जायेगा, और आपको पैसा और पोज़िशन मिलती जायेगी।''

''मान लो इस बिज़नेस में हर कोई प्रोडक्ट सेल नहीं करता, सिर्फ़ कम्पनी से हर महीने दो को जोड़ लेता है आगे बिज़नेस करने के लिए, तो सोचो हर महीने हर आदमी अपने दो साथी बना लेता है, तब आप 400/- रु. के हिसाब से साल में कहाँ पहुँचेंगे।''

एक फिगर

1	2
2	4
3	8
4	16
5	32
6	64
7	128
8	256
9	512
10	1024
11	2048
12	4096

''अगर जोड़ा जाये तो 8190 लोग होते हैं जिसका पेअर 4095 होता है। अब 400/- प्रति पेअर के हिसाब से 16 लाख 38 हज़ार रु० होते हैं।

अब अगर तुम कहते हो नहीं, हम एक महीने में दो नहीं, एक जोड़ पाएँगे तो एक ही सही। इस हिसाब से आधा हुआ 50 प्रतिशत 8 लाख 17 हज़ार रु० होते हैं। अगर उस पर भी कमी है तो 25 प्रतिशत 4 लाख 8 हज़ार 500 रु० होते हैं। उस पर भी $12^{1}/_{2}$ प्रतिशत काम हुआ तो 2 लाख 4 हज़ार, 250 रु. होते हैं। आज के वक़्त में इस पावरफुल मार्किटिंग से कौन नहीं जुड़ना चाहता। काम तो 80 प्रतिशत होता है पर $12^{1}/_{2}$ प्रतिशत ही सही। फिर भी

आप 2 लाख 4 हज़ार 250 रु. कमाते हैं। इस हिसाब से आपकी प्रति माह की तनख़्वाह हुई 17020.83 = 17 हज़ार 21 रु.।

क्या आपने यहाँ कुछ किया–सिवाये अपने दो दोस्तों के। क्या आपने पहले वाली जॉब छोड़ी, क्या आपने डॉक्टरी छोड़ी, क्या आपने अपना स्कूल या कोचिंग सेन्टर छोड़ा। नहीं, इसी को कहते हैं- स्मार्ट वर्क।''

कस्टमर- ''अच्छा तो यही है- नेटवर्क मार्किटिंग। तो इसको MLM क्यों कहते हैं? मल्टी लैवल मार्किटिंग– इसका तो मतलब होना चाहिए 'मुर्गी लाओ मुर्गी' क्योंकि ये सब सोने के अण्डे देने वाली मुर्गियां होती हैं।''

तो यह है नेटवर्क मार्किटिंग के नाम पर लूटने वाली कम्पनी जो सब्ज़ बाग़ दिखाती है। ऐसी कम्पनियों ने ही नेटवर्क मार्किटिंग को बदनाम कर दिया, और आज लोग ऐसी कम्पनी से दूर भागते हैं और भागने वाले व्यक्ति को आज कल के लेखक नकारात्मक सोच वाले व्यक्ति कहते हैं।

''यूँ ही नहीं हो जाते बेवफ़ा सनम,
उनकी परसतिश में कमी रही होगी।''

–ए.एस.फ़ैज़

लोग कहते हैं वो मुझसे बेवफ़ाई कर गये। बेवफ़ाई कोई नहीं करता, इन्सान की मोहब्बत में ही कमी होती है, वरना बेवफ़ा का नाम एक बावफ़ा कैसे दे। मजनू ने, फरहाद ने, रांझे ने, तो नहीं कहा था अपनी-अपनी महबूबाओं को बेवफ़ा।

और ये लेखक जो ऐसी कम्पनी की तारीफ़ के पुल बाँधते हैं, सेमिनार लेते हैं, लोगों को बिज़नेस का तरीक़ा बताते हैं– ये वही लोग हैं जो बिहार की बाढ़ में बहकर चले आये हैं यानी ऐसी ही कम्पनी से निकल आये हैं। क्योंकि वहाँ जादू दिखाने में थोड़ी बहुत कमी रही होगी, इसलिए बन गये लेखक।

लेखक किसी की तारीफ़ नहीं करता सिवाये सच्चाई और अच्छाई के। लेखक अपनी कल्पना में भी एक सच्चाई ढूँढता हैं। लेखक का काम सच्चाई को और झूठ को दर्शाना होता है, उनकी परख बतानी होती है- 'न कि सतरंगी जामा पहनाना जिससे उसकी हक़ीक़त ही गुम हो जाये।' ऐसे लेखक वो होते हैं जो किसी ऐसे व्यक्ति की तारीफ़ के पुल बाँधते हैं जो कल तक एक डाकू

था और आज M. P. बन गया है। और क्यों न करें क्योंकि दोनो का मक़सद एक ही ठहरा 'पैसा'।

ऐसे M. P., ऐसे M. L. A., ऐसे, डॉक्टर, ऐसे वकील, ऐसे लेखक, ऐसे जज, ऐसे पंडित, ऐसे मौलवी और ऐसे मास्टरों ने ही 'इन्सानियत' को तबाह कर दिया है, जो पैसे के लिए कुछ भी करने के लिए तैयार हैं– कहीं खुदा के नाम पर, तो कहीं भगवान के नाम पर, तो कहीं यीशू के नाम पर तो कहीं मज़हब के नाम पर, तो कहीं जात-पात के नाम पर। ये लोग अपना पेट भरते हैं– ऐसे लोगों की समाज में तेज़ी से बढ़ोतरी हो रही है– कहीं देश-प्रेमी, तो कहीं मज़हब- प्रेमी, तो कहीं जात-प्रेमी, तो कहीं पेट-प्रेमी।

इनकी पहचान करना बड़ा ही मुश्किल है क्योंकि ये लोग सतरंगी चोला पहने हैं। कहीं वकीलों का चोला, तो कहीं जज का, तो कहीं पुलिस का, तो कहीं मौलवी का, तो कहीं पंडित का, तो कहीं देश चलाने वाले देश भगत का, तो कहीं अनाथ आश्रम चलाने वाले समाज सेवक का, कहीं विधवा आश्रम, तो कहीं न्याय आश्रम और न जाने किस-किस भेस में मिलेंगे ये लोग।

•

P M C क्या है?
'पर्सनल मनी सर्कुलेशन'

ऐसी कम्पनी जो सिर्फ़ पैसे से जोड़ती है बग़ैर किसी प्रोडक्ट के और अपनी कम्पनी को 'मार्किटिंग' का नाम देती है। ऐसी कम्पनी नेटवर्क तो बना लेती है पर नेट का फ़्यूचर नहीं बना पाती क्योंकि ऐसी क० सिर्फ़ पब्लिक का पैसा पब्लिक में ही बाँटती है– न तो किसी प्रोडक्ट का सेल है न सेवाएं जैसे:- ज़ीरो ने 6,500/- रु. दिया। उसको क्या मिला? सिर्फ़ बिज़नेस वो बिज़नेस है लोगों को जोड़ना। अब उसे बाइनरी प्लैन के अनुसार A और B जोड़ना है। A और B को जोड़ते ही ज़ीरो यानी I को मिला 400/- रु.। उसके बाद A और B ने भी अपने A, B जोड़ लिए। उन्हें भी मिला 400/- 400/- और ज़ीरो को यानी I को मिला 800/- रु. क्योंकि बाइनरी के मुताबिक दो पेअर कमप्लीट हो गए यानी लेफ़्ट और राइट।

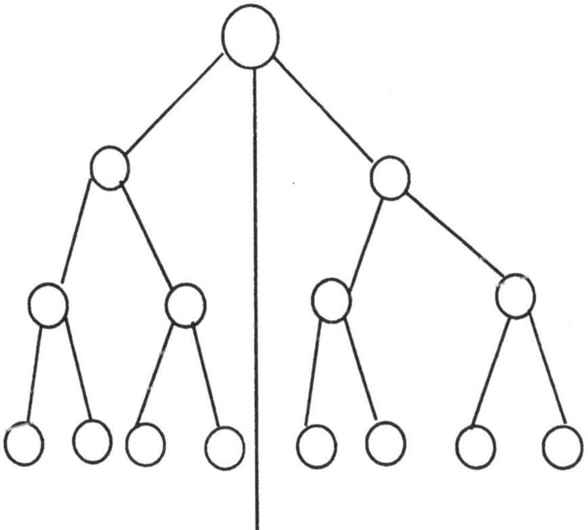

दोनों तरफ़ बराबर पेअर कमप्लीट होंगे,

तब जाकर I को मिलेगा पैसा। I वाले के A और B ने अपना A, B कमप्लीट कर लिया, तो उन्हें 400/- 400/- मिला और I को 800/- यानी I को कुल 1200/- और A, B को 800/- यानी टोटल 2000/- रु.। कम्पनी में पैसा जमा हुआ सात लोगों का 45,500/- अगर आगे A, B के दोनों A, B ने भी अपना A, B पूरा कर लिया तो I को 1600/- और A, B को 800/- 800/- उसके A, B को 400/- 400/- यानी लेफ़्ट, राइट दोनों A, B को कुल मिला 1200/- इस तरह कुल राशि 6,800/- होती है। और कम्पनी में जमा राशि हुई 97,500/- यानी 15 लोगों की जमा राशि 97,500/- रु. हुई और इन्हें मिला 6,800/- और कम्पनी को मिला 90,700/- रु.

इस तरह से जिस पेअर का पैसा अप-लाइन को मिल गया, उसका पैसा दोबारा नहीं मिलता। क्यों, इसलिए कि यहाँ प्रोडक्ट नहीं है। बस, पैसे में यहाँ जोड़ना होता है। सिर्फ़ एक इन्सान को 400/- रु. के लिए, उसे किस्से कहानी सुनाकर नेटवर्क मार्किटिंग की शिक्षा देकर ये कम्पनी उसे पी. एच. डी. बना देती है। एक सीनियर को उससे बस 400/- ही मिलना है। वो अलग बात है कि इनकी मेहनत से दो-चार हज़ार कमा लें, पर बात मेहनत पर ठहर जाती है।

अगर अप-लाइन के लेफ़्ट में लोगों का जुड़ना शुरू हो जाये और राइट साइड के लोग उलटे पाँव घर लौट आयें, तो क्या होगा? जैसे हर महीने लेफ़्ट साइड में 10 लोग जुड़ रहे हैं और राइट साइड में कोई नहीं– इसी तरह से 6 महीने, सात में– लेफ़्ट में कोई गोल्डन, कोई डायमण्ड बना और राइट में जिसे भी जोड़ा वही वापस लौट गया। इसे कम्पनी की भाषा में कहो तो ये लाइन डेड हो गई।

तो क्या मिला I को जहाँ 2 हज़ार लोग एक तरफ़ और दूसरी तरफ़ सिर्फ़ 60 लोग। जहाँ 8 लाख मिलना था वहाँ सालों में कुल राशि 24 हज़ार रु. ही कमा पाया; और मेहनत मत पूछिये! इससे तो अच्छा एक रिक्शा चालक है जो 200/- रु. दिन कमा लेता है- एक ऐसा नेटवर्कर जिसके पास 2 हज़ार 60 लोग हैं और उसके महीने की सैलरि 2060/- भी नहीं!

क्या यही है नेटवर्किंग? क्या यही है MLM मल्टी लैवल मार्किटिंग? नहीं, यह तो वही है जिसके बारे में किसी ने ठीक कहा है– MLM मतलब मुर्गा लाओ मुर्गा– जिस दिन लाए तो बिरयानी, नहीं लाये तो दाल-रोटी भी नहीं। यही है पी. एम. सी. कम्पनी।

मक़सद

ऐसी कम्पनी का मक़सद यही होता है कि लोगों को नेटवर्किंग के बहाने अपने आपसे जोड़ना और उन्हीं के पैसों से ऐश करना, आज़ादी की ज़िन्दगी व्यतीत करना और विदेश वगैरह जाकर इन ग़रीबों के पैसों को हराम कार्यों में उड़ाना और दूसरों को ये बताना कि इसमें फ्रीडम है और बेशुमार पैसा है और इनके लिए सच भी यही है। पब्लिक का पैसा पब्लिक में गया वो भी 60 प्रतिशत से 70 प्रतिशत तक कम्पनी में और 30 प्रतिशत से 40 प्रतिशत तक लोगों में। कम्पनी का क्या गया? इसी को तो कहते हैं– 'हींग लगे न फिटकरी, रंग चोखा होये।' इसी को कहते हैं बग़ैर मेहनत का पैसा [Smart Money]

"हमने इस जहाँ को बहुत नज़दीक से देखा है
वो आग है जो दूर से गुलाब लगता है।"

–ए.एस. फ़ैज़

मेरी जानकारी में

मैं ऐसे कई नेटवर्क लीडर को जानता हूँ जिन्होंने जापान लाइफ से गुज़रते हुए ऐमवे और स्टर्लिंग लाइफ़ इन्डिया एवं रेवलूशन फॉरऐवर जैसी कम्पनी में जी तोड़ मेहनत की है और अपने घर से मिलता जेब ख़र्च 20 से 25 हज़ार रु. प्रति माह अपने नेटवर्क में ख़र्च कर देते थे। मुझे ऐसे लोगों से पता चला कि ऐसी कम्पनी अब तक 40 हज़ार से ज़्यादा हिन्दुस्तान में पैदा हुईं और ख़त्म हो गईं। किसी की उम्र एक दिन, तो किसी की एक महीना, तो किसी की एक साल और कुछ कम्पनियां अपनी सूझ-बूझ से आज भी बरक़रार हैं और लोगों के पैसों से आज इनकी हुकूमत है।

आज हक़ीकत में वो एक कम्पनी है जिसे अब कोई नहीं चाहिए– न तो नेट, न ही नेटवर्किंग। बस, अगर चाहिए तो उसे उसके प्रोडक्ट के मुताबिक़ वर्कर क्योंकि कल तक जो ख़ुद को प्रोडक्ट बेस और M. L. M कम्पनी कहलाती थी, जो डायरेक्ट सेल एवं सर्विसिज़ का दावा करती थी– आज वो अपनी ही एजुकेशन से पीछे हट गई और अपने प्रोडक्ट का प्रचार थ्रू वर्ड ऑफ़ माउथ की जगह टी. वी. से करवा रही है।

इस कम्पनी का मोटिव ही यही था- लोगों का पैसा इकट्ठा कर अपना नाम और पैसा दोनों कमाना और ऐसा उसने कर दिखाया। "मैं ऐसी कम्पनी को क्या नाम दूँ?"

यही हैं वो कम्पनियां जिन्होंने नेटवर्क मार्किटिंग की छवि बिगाड़ दी। अक्सर लोगों का पाला ऐसी ही कम्पनियों से पड़ा है। यही वजह है कि आज कुछ लोग नेटवर्क मार्किटिंग के लिए नकारात्मक सोच रखते हैं। ऐसी कम्पनी के लीडर कहते हैं– "यहाँ बुद्धिमान व्यक्ति की ज़रूरत नहीं जो अपना दिमाग़ इस्तेमाल करे।"

पर देखने वाली बात ये है कि- सच्चा और अच्छा नेटवर्कर वही होता है जो अपने नेट के लिए ऐसा कुछ कर जाये जो उसके बाद भी उसे याद किया जाये, जैसे एक वैज्ञानिक अपने उत्पाद से हमेशा जाना जाता है।

•

बुद्धिमान व्यक्ति

मैं एक बुद्धिमान और एक साधारण व्यक्ति का फ़र्क़ बताता हूँ। एक अत्यन्त बुद्धिमान वैज्ञानिक और एक सामान्य व्यक्ति था।

बुद्धिमान ने भैंस को देखा– उसका रंग काला था, फिर उसके चारे को देखा– चारा हरा था, फिर उसके दूध को देखा– तो दूध सफ़ेद था। बुद्धिमान हैरान हो गया– आख़िर भैंस काली, चारा हरा और दूध सफ़ेद! उसके दिल व दिमाग़ में एक शहनाई बजने लगी। वैज्ञानिक ने भैंस को अपने साथ लिया और प्रयोगशाला में जाकर रिसर्च करने लगा।

वहीं साधारण व्यक्ति ने भी एक भैंस ली और रोज़ाना दूध निकालने लगा– खुद पिया और बच्चों को भी पिलाया, जो बचा उसे बेच दिया।

बहुत दिनों बाद फिर दोनों मिले। वैज्ञानिक साधारण व्यक्ति को देखकर बहुत खुश हुआ और पूछा, "अरे भाई! तुम पहले से ज़्यादा सेहतमन्द हो गये हो। क्या कर रहे हो?" साधारण व्यक्ति ने जवाब दिया- "मैं तो दूध पीता हूँ और बच्चों को भी पिलाता हूँ। जो बचता है उसे बेचकर जो पैसा मिलता है, वो दूसरी ज़रूरतों में लगा देता हूँ।" ये कहकर साधारण व्यक्ति 'हा-हा' करके हँसते हुए बोला, "और तुम इतने दुबले-पतले क्यों? ज़रूर भैंस के बाल में खाल निकालने में लगे होंगे।" वैज्ञानिक ने मुस्कुराते हुए कहा, "हाँ, मुझे फ़ुरसत ही नहीं मिली दूध पीने की। अच्छा सुनो, कल मैंने प्रयोगशाला के बाहर एक पार्टी रखी है, तुम जरूर आना।"

दूसरे दिन जब साधारण व्यक्ति पहुँचा, तो देखा बहुत से लोग इकट्ठे हुए हैं, बहुत बड़े-बड़े लोग कुर्सी पर बैठे हैं। अभी ये सब देख ही रहा था कि एक आदमी खड़ा हुआ, दिखने में वो भी बाल में खाल निकालने वाला लग रहा था बोला, "दोस्तों आप सभी के लिए हमारे वैज्ञानिक श्री पी. के. शर्मा

ने लज़ीज़ और सेहत बनाने वाली पाँच चीज़ें तैयार की हैं। वो क्या-क्या चीज़ें हैं, आप उन्हीं के ज़बानी सुनिये।''

वैज्ञानिक साहब खड़े हुए और अपने मित्र, साधारण व्यक्ति को अपने पास बुलाया और पूरी घटना लोगों को सुनाई। फिर बताया कि मैं कमज़ोर इसलिए होता गया कि मैं रात-रात भर जागकर ये देखना चाहता था कि जो चीज़ें मैं तैयार कर रहा हूँ- क्या उनका रंग बदल तो नहीं जायेगा। मैं दिन-रात की कोशिशों से आज दूध से पाँच चीज़ें तैयार करके आपके सामने लाया हूँ।

1. दूध से मैंने बनाया- 'दही', जिसे रात को खूब उबाला और एक मिट्टी के कोरे बर्तन में एक इमली का बीज डालकर छोड़ दिया और पुआल की गरमाई में उसे रखकर बर्तन के मुँह को ढक दिया। मैंने सोचा था कि दूध अपना वजूद खो देगा। रात भर की कोशिशों के बाद, हाथ आया-जमा हुआ दूध इसलिए इसका नाम रखा- 'दही।'

अब आप दही को कई तरह से इस्तेमाल कर सकते हो लस्सी बनाकर पी सकते हो, सब्ज़ी में डालकर खा सकते हो, बेसन में डालकर कढ़ी बनाकर खा सकते हो। दिल जैसा चाहे, खाओ। इसका असर ठन्डा होगा।

दूध से निकाला दही और दही से निकाला 'मक्खन'। मक्खन भी आप खालिस इस्तेमाल कर सकते हैं और उसमें से निकला पानी भी।

दूध से दही और दही से मक्खन और मक्खन से निकाला 'घी'। घी जिसे आप हर तरह की सब्ज़ी, हलवा, परांठा और अनेक प्रकार के पकवान में इस्तेमाल कर सकते हैं। घी का कार्य गर्म होता है।

4. मैंने दूध को इतना उबाला कि वो जम गया और दूध, दूध न रहा। जब मैंने देखा कि दूध को मैंने खो दिया तो उसी जमे हुए का नाम रख दिया- 'खोया।'

5. मैंने दूध को यूँ ही छोड़ दिया- दूसरे दिन दूध फट गया। मैंने देखा दूध के दो भाग हो गये हैं- एक पानी का, दूसरा फटा हुआ दूध। उसी फटे हुए दूध से मैंने बनाया 'पनीर'- जो आप शाही सब्ज़ियों में इस्तेमाल कर सकते हैं और भी अनेक तरीक़ों से खा सकते हैं। ये देर-हज़्म होती है।

दूध से निकाली इन पाँचों उत्पाद से लोग बहुत खुश हुए और वैज्ञानिक की बुद्धिमत्ता की प्रशंसा की।

वैज्ञानिक महान कब बनता है? जब ईश्वर की दी हुई चीज़ पर रिसर्च करके उसे इस्तेमाल करने योग्य बनाता है। वैज्ञानिक सिर्फ़ बुद्धिमान व्यक्ति ही बन सकता है, न कि कम दिमाग़ वाला साधारण व्यक्ति।

इसी तरह से एक नेटवर्कर अच्छा नेटवर्कर तब बनता है– जब वे अपने नेट में ज्ञान और शिक्षा प्रदान करता है। इसी तरह से बुद्धिहीन– नेटवर्कर नहीं बन सकता।

बुद्धि बिना मनुष्य अधूरा है

आज के आधुनिक युग में कौन-सा ऐसा कार्य है जिसमें बुद्धिमान व्यक्ति की ज़रूरत नहीं– चाहे वो टेक्न लॉजिकल फील्ड हो, या इलैकट्रॉनिक फील्ड, इलैकट्रिकल फील्ड हो या कम्यूनिकेशन फील्ड या फिर कमर्शियल फील्ड या फिर कोई भी हार्ड वर्क हो– हर जगह पर बुद्धिमान व्यक्ति की ज़रूरत है।

अब अगर कोई ये कहे कि हार्ड वर्क में बुद्धि का क्या काम, तो उसकी अनेक मिसाले हैं। अगर कोई व्यक्ति बर्फ़ के कारखाने में काम करता है- बर्फ़ को ट्रक में या 407 गाड़ी में लाधने का, तो क्या उसे उठाकर सर पर रखे, फिर गाड़ी पर चढ़ाय– ये तरीक़ा बग़ैर बुद्धि का हुआ।

सही तरीक़ा बुद्धि का ये है कि रबड़ के दस्ताने पहनो और लोहे की नोकीली दाँती से जिसे सर्सा भी कहते हैं, उससे पकड़कर एक तख़्ते के सहारे ऊपर गाड़ी पर खींच लो। दूसरा व्यक्ति दस्ताने पहन कर नीचे से धक्का दे दे। बर्फ़ की सिल्ली पलक झपकते ही गाड़ी पर होगी। दस्ताने, सर्से और तख़्ते का इस्तेमाल– यही बुद्धिमान व्यक्ति की निशानी है।

इसी तरह से हर काम में बुद्धि की ज़रूरत पड़ती है– चाहे बोझ उठाने का या फिर खेती का। जैसे धान की खेती में पहले खेत को बराबर करना, फिर नर्म करना, फिर धान छींटना– जो अनाड़ी व्यक्ति से नहीं होगा। फिर उसमें जब सीस निकल आयें, तो पानी देना– जितने की ज़रूरत है। जब वो एक फुट लम्बे हो जायें, उसे उखाड़ना। उसे उखाड़ना भी आसान नहीं। फिर उखाड़कर उसे खेत में दोबारा रोपना। दोबारा रोपना– बच्चों का खेल नहीं।

फिर उसकी देख-रेख करना, जब तक कि उसमें धान आकर पक न जाये फिर धान काटना– धान का काटना भी तरीक़े से होता है। फिर काटकर एक साफ़ जगह पर धान को बिखेर देना। उन पर बैलों को चलाकर धान और उसका पुआल अलग करना या लकड़ी पर मारकर धान और पुआल अलग करना। उसे सुखाना। फिर कच्चा चावल, पक्का चावल का चुनाव करना। अगर पक्का चावल बनाना है तो धान को पानी में उबालना, फिर सुखाना, फिर पैर की मुसली या मशीन के ज़रिये चावल निकालना और अगर कच्चा चावल रखना है तो उबाले बग़ैर। उसे, इसी तरह से अंजाम देना।

ये सभी कार्य बुद्धि में शुमार किये जाते हैं। इसे एक साधारण व्यक्ति नहीं कर सकता।

इस तरह से बुद्धि की ज़रूरत हर जगह पर है, सिवाये पी. एम. सी. नेटवर्किंग के।

यहाँ बुद्धिमान व्यक्ति की ज़रूरत इसलिए नहीं कि वो बहुत जल्द इस कम्पनी के रंग-रूप से वाक़िफ हो जाता है। यहाँ मोटे दिमाग़ वाले रट्टू व्यक्ति चाहिए वो इसलिए कि बस जो पढ़ा दिया उतना ही पढ़े, उतना ही बोले, उससे ज़्यादा नहीं– क्योंकि इस कम्पनी को चलाने वाले अपने आपको बुद्धिमान समझते हैं और वो नहीं चाहते कि कोई और बुद्धिमान आये और उनके ऐश का साझेदार बने। इसलिए यहाँ जो भी आये– वो गूँगे, बहरे, अन्धे हों। बस अन्धों की टीम बना लो और अन्धे भीख माँग कर लाते रहें और ऊपर बैठे अपने आपको स्मार्ट बुद्धिमान समझने वाले– इनकी लाई हुई भीख से अपना और अपने परिवार का पेट भरते रहें।

ऐसे लोग क्या किसी की ज़िन्दगी सवारेंगे, क्या किसी को फ्रीडम (आज़ादी) देंगे। ये लोग वही हैं जिनके बारे में किसी ने सच कहा है, "मुँह में राम, बगल में छुरी।" बातें तो बड़ी-बड़ी करते हैं, हमें 'वो' सपने दिखाते हैं, जो सामान्य व्यक्ति कभी नहीं देखता। आज़ादी के नाम पर गुलामी देते हैं। जब चाहे, जहाँ चाहे बुलाते हैं कि 'आज मुम्बई में सेमिनार है, तुम्हें पहुँचना है– अगर नहीं पहुँचे तो हो गये टीम से अलग।'

एक इन्सान हफ़्तों अपने परिवार से दूर, कम्पनी के लिए समय देता है और जब घर लौटता है तो झोली खाली। 1 तारीख से 5 तारीख तक का इन्तज़ार

करता है कि शायद कम्पनी से कुछ पैसे मिलें, पर बाद में पता चलता है कि शायद बाइनरी प्लान के मुताबिक़ एक तरफ़ ही लोगों का जुड़ना हुआ है, दूसरी तरफ़ नहीं– इसलिए पैसा नहीं मिला या फिर पता चला कि मैट्रिक्स प्लान है और मेरी हज़ार मेहनत करने के बावजूद मेरी डाउनलाइन मुझे सुपर सेट कर गई। जो कल तक सर था, आज वही डाउनलाइन बन गया। 'जो कल राह दिखलाता था, वही आज राहगीर बन गया।'

यही है सच्चाई पी. एम. सी. नेटवर्क मार्किटिंग की।

•

झूठ और व्यापार
(Lie and Business)

दोस्तों झूठ का व्यापार आज कल बहुत चला हुआ है। लोगों का यह विश्वास बन गया है कि कोई भी बग़ैर झूठ के कामयाब नहीं हो सकता। ऐसा ही लोगों का विश्वास है, मगर मैं यह नहीं समझ पा रहा हूँ कि झूठ किस से बोला जा रहा है? लोगों से या खुद अपने आप से। कहावत बहुत पुरानी है, 'जो बोये सो पाये यह कहाँ तक सही है या ग़लत। पर आज झूठ आम हो चुका है। वो सिर्फ़ हमारे अन्दर कौवे जैसे लालच के कारण है। आज हमारे रहबर हमें खुद ही लूटते हैं और हम लुटते रहते हैं। कुछ लोग व्यापार की आड़ में काला धन्धा करते हैं, क्यों? हमारी कमज़ोरी और हमारी कमज़ोरी का नाजायज़ फ़ायदा उठाते हैं? झूठ बोलकर हमारी बहन, बेटियों को नौकरी दी जाती है, फिर उनसे ऐग्रीमेन्ट के मुताबिक़ उनकी इज़्ज़त का सौदा और फिर ख़ामोश कर दिया जाता है, उन्हें पैसों से।

पैसा-पैसा न जाने यह पैसा क्या-क्या कराएगा। अगर हम खुद से कुछ कर गुज़रने की थोड़ी-सी मेहनत करने की ताक़त रखें, तो शायद यह नौबत नहीं आएगी। हम अपनी इमेज खो चुके हैं। हमें अपनी पावर का पता नहीं कि हम बग़ैर झूठ बोले, बग़ैर काला बाज़ारी किये, बग़ैर इज़्ज़त बेचे भी आसमान को छू सकते हैं। हम आज भी पहाड़ों से दूध की नहर निकाल सकते हैं। हम आज भी सूरज को अपनी मुट्ठी में कर सकते हैं। मगर शर्त यह है कि हमें पहले खुद को पाना होगा। हम अपने आपको भूल चुके हैं। हमारा पैरामीटर फ़िक्स हो चुका है कि हम कुछ नहीं कर सकते बग़ैर इसके......

हमारा मिज़ाज भी जानवरों की तरह हो गया है जैसे हाथी, घोड़ा, भैंस, गाय। ऊँट एक हल्के-से डोर से बंधे रहते हैं सिर्फ़ इस ग़लतफ़हमी में कि वे उसे कभी नहीं तोड़ पायेंगे। ऐसा क्यों? सिर्फ़ इसलिए कि उस डोर से

आज़ाद होने की आरज़ू ने उसे बचपन में कोशिश करने पर मजबूर कर दिया था पर आज़ाद न हो सका था। यही सोच उसकी फिक्स हो गई और आज भी वहीं है– एक डोर से बँधा चुप-चाप। पर वो चाहे तो उस डोर को तोड़कर आज़ादी हासिल कर सकता है। बहुत जगह सुनने को मिला कि एक हाथी ज़न्जीर तोड़कर भाग गया, वो पागल हो गया है। पागल होने पर ही क्यों भागा? वो इसलिए कि उसकी पहली वाली सोच ख़त्म हो गई थी। ताक़त तो पहले से ही थी, एक ही झटके में ज़न्जीर तोड़कर भाग गया।

दोस्तों हमें अपना पैरामीटर तोड़कर एक ऐसे कार्य में लगना चाहिए जिसमें हमें काला धन्धा न करना पड़े। हमें अपने आपको पहचानना होगा। जब हम अपने आपको पहचान लेंगे तब हमें होगी झूठे सच्चे की पहचान।

आज के इस दौर में झूठे और सच्चे की पहचान कर पाना बड़ा ही मुश्किल है जिस तरह मार्किट में बिकते हुए गुलाब दिखने में तो गुलाब ही लगते हैं पर उनमें कुदरती खुशबू नहीं होती जो नैचूरल गुलाब में होती है।

तो आइये चलिये एक ऐसे व्यक्ति की पहचान करने जो ग़रीबों का मसीहा कहलाता है पर है वो एक नम्बर का 'स्वार्थी'-

स्वार्थी (Self-Centered)

दोस्तों, यूँ तो आज के इस दौर में क़दम-क़दम पर स्वार्थी लोगों से मुलाक़ात होती रहती है, पर मैं एक बड़े दर्जे के स्वार्थी की बात बताता हूँ–

एक ग़रीब बेरोज़गारों की बस्ती है। उस बस्ती से जुड़ी कई बस्तियाँ हैं। वो सब बस्तियाँ बेरोज़गारों की हैं। वहाँ पर न कोई मिल, न फैक्टरी, न कोई कारखाना है। वो सारे के सारे दूर-दूर जाकर मज़दूरी करते हैं।

एक दिन एक कार उस बस्ती में पहुँची। उसमें से कुछ लोग उतरे। उसमें एक सफ़ेद कुर्ता-पाजामा पहने हुए शख़्स ने गाँव वालों से कहा, "दोस्तों मैं आपके गाँव में आज पहली बार आया हूँ। यह सुनकर कि आप लोगों के पास कोई ज़रिया नहीं है– खाने-कमाने का, इसलिए अगर आप लोग मेरा साथ दें तो मैं आप लोगों की ग़रीबी दूर कर सकता हूँ।" यह सुनकर गाँव के कुछ लोग बोले, "श्रीमान जी इसके लिए हमें क्या करना होगा?" उसने कहा, "आप सारे आस-पास के बस्ती वाले सब मिलकर मुझे वोट दो। अगर मैं

कामयाब हो गया और एम. एल. ए. (M. L. A.) बन गया, तो आप लोग जो कहोगे वो सरकार से कहकर करवा दूँगा।''

बस्ती वालों के दिमाग़ में उसकी बात आ गई। बस्ती के मुख्य लोगों ने कहा, ''आपको हम सारे बस्ती वाले वोट देंगे लेकिन आपको सारे बस्ती वालों के लिए एक बड़ा तालाब खुदवा कर देना होगा और उसमें मछली छुड़वानी होगी ताकि हम सारे बस्ती वाले उसी से अपनी रोज़ी-रोटी निकाल सके।'' उसने बस्ती वालों की शर्त मंज़ूर कर ली। सारे बस्ती वालों ने एक जुट होकर उसे वोट देकर जिता दिया और वो एम. एल. ए. बन गया।

अब तो एम. एल. ए. को अपना ख़र्च किया हुआ पैसा इकट्ठा करना था इसलिए उसने अपना जुगाड़ लगाना शुरू कर दिया। बस्ती वालों के लिए सरकार से बड़े तालाब के लिए पचास लाख रुपया पास करवाया। वो सारे का सारा पैसा खुद हज़म कर गया। सारे बस्ती वाले जो उस पर पूरा भरोसा करते थे, उनका यकीन उससे उठने लगा। इसी तरह से तीन वर्ष बीत गये, पर तालाब नहीं बना।

अब बस्ती वालों ने क़सम खा ली कि इस बार अगर वो वोट माँगने आया तो उसे हरगिज़ वोट नहीं देना। वो दिन भी आ गया– अब एक और ग़रीबों का अन्नदाता आया और भाषण में कहा, ''बस्ती वालों, मैं तुम्हें विश्वास दिलाता हूँ कि जो आपके साथ उसने किया, वो मैं नहीं करूंगा क्योंकि रब का दिया हुआ मेरे पास सबकुछ है। मेरे दादा-परदादा मेरे लिए बहुत कुछ छोड़ गये हैं। मैं आप लोगों से इतना कहूँगा कि मैं इस इलेक्शन में जीतूँ या न जीतूँ पर इस बस्ती की जहाँ तक होगा, मदद करूँगा।'' फिर क्या बात थी, उसकी इतनी-सी बात ने लोगों को मोह लिया। बस्ती वाले कहने लगे, ''श्रीमान जी हम ग़रीब बस्ती वाले आप ही को वोट देंगे मगर आपको हमारे लिए एक बड़ा तालाब खुदवा कर देना होगा, उसमें मछली भी ताकि हम सारे लोगों के लिए रोज़ी-रोटी का ज़रिया बन जाये।'' यह सुनकर उसने जवाब दिया, ''बस, इतना-सा काम, समझो मैं अपनी पोज़िशन संभालते ही कार्य शुरू करवा दूँगा।''

आखिर यह भी जीत गया और एम. एल. ए. बन गया। इसने पता किया तो पता चला कि पहला वाला भाई पचास लाख रुपया पास करवा कर खुद खा गया और तालाब भी नहीं खुदा। इसने सोचा चलो मैं मछली के लिए और

उसकी हिफाज़ती दवाई के लिए कुछ रुपये पास करवाता हूँ। दस लाख रुपया इसने भी पास करवा लिया और वो रुपया इसके चाय-पान में गया। आख़िर इसने भी कुछ नहीं किया।

फिर दौर आया। अब एक और हमदर्द पहुँचा और रो-रो कर कहने लगा, "भाइयों, मैं भी आप लोगों की तरह हूँ। आपकी दुख-तकलीफ़ मैं समझता हूँ। हम ग़रीबों को बड़े लोग लूटते आये हैं, पर अब हम नहीं लुटेंगे। आप सब मिलकर मेरा साथ दो।" बस्ती वालों ने इसे भी जिता दिया। यह भी एम. एल. ए. बन गया।

अब इसने बस्ती वालों के लिए तालाब का इरादा किया तो पता चला कि- भूतपूर्व एम. एल. ए. ने तालाब खुदवाया जिसके लिए पचास लाख सरकार ने दिया, उसके बाद वाले ने मछली छुड़वाई जिसके लिए दस लाख सरकार ने दिया। अब क्या होगा? न तो तालाब ही बना था, न मछली ही छोड़ी गई थी। इसने एक ऐप्लिकेशन दी-

"सरकार से निवेदन है कि जो तालाब भूतपूर्व एम. एल. ए. ने खुदवाया था और दूसरे M. L. A.ने मछली छुड़वाई थी, वो सारी मछलियाँ मर कर सड़ गई हैं, जिसके कारण सारी बस्तियों में कॉलरा (Cholera) फैल गया है। उसे एक हफ़्ते में पाट देने का आदेश दिया जाये।"

इतना बड़ा तालाब एक हफ़्ते में कैसे पाटे?

पचास लाख रुपया दिया सरकार ने तालाब पाटने का और बस्ती वालों के इलाज के लिए।

एक हफ़्ते बाद जब सरकार की तरफ़ से तफ़्तीश की गई, तो देखा कि वाह! इस तरह से तालाब पाट दिया गया है कि पता भी नहीं चलता कि तालाब यहाँ था भी या नहीं- एम. एल. ए. की बड़ी तारीफ़ हुई।

उपर्युक्त उदाहरण काल्पनिक है

दोस्तों, ऐसे एम. एल. ए. आपको हर व्यापार, हर क्षेत्र में मिलेंगे। आप ऐसे हमदर्दों से सावधान रहे- क्योंकि स्वार्थी कभी किसी के नहीं होते। ऐसे ही लोगों के कारण हमारा हिन्द टुकड़ों में बंट गया। ऐसे ही लोग हमारे बीच में फूट डालते हैं, भेद-भाव पैदा करते हैं।

मार्किटिंग का एक और ग़लत तरीक़ा

आज का दौर भीड़-भाड़ का है। किसी को किसी के पास आने-जाने का समय नहीं रहा। ऐसी तंग ज़िन्दगी में कम्यूनिकेशन के ज़रिये मार्किटिंग बड़ी ही लाभदायक है। कब कौन-सी कम्पनी क्या लॉन्च कर रही है– हमें फोन एवं एस. एम. एस. (SMS) से पता चल जाता है। ये मार्किट ही एम. एल. एम.(MLM) मार्किटिंग है– इसमें कोई भी मध्यवर्ती नहीं होता।

बस कम्पनी और आप सीधे-सीधे बात कर सकते हैं। आपको बग़ैर कुछ खर्च किये इन्फॉर्मेशन मिल जाती है। इसी इन्फॉर्मेशन के लिए अगर आप अपनी नज़दीकी मार्किट में जाते हैं तो आपका ख़र्च कितना होगा? समय कम से कम 20 मिनट, अगर स्कूटर या बाइक से गये तो पैट्रोल का ख़र्चा कम से कम 5 रु. या रिक्शे से गये तो 10 रु., और अगर फोन से आप अपने पहचान वाले या दोस्त से पता करते हैं तो कम से कम 2 रु.। पर आज कम्पनी अपने प्लैन, अपने प्रोडक्ट के बारे में फोन करती है तो आप और हम सुनने के लिए राज़ी नहीं, हमारे पास वक़्त ही नहीं है– है तो सिर्फ सैकड़ों बहानें। क्यों?

यहाँ भी कई कमियाँ हैं कुछ लोगों की, यहाँ भी रेकमेन्डेशन करने का उसूल ठीक नहीं है। जैसे:-

1. अपनी बात कस्टमर के आगे रखना– फ़ोन रिसीव करते ही अपनी बात शुरू कर देना, न हैलो, न हाय। वो यह भी मालूम करने की ज़हमत नहीं उठाते कि जिसे हम फ़ोन कर रहे हैं वो मीटिंग में है या रोमिंग में- वो मेरी बात सुन पायेगा या नहीं। सुनना चाहता है या नहीं या बस, कॉलर को लगता है सारे मोबाइल, लैंडलाइन वाले हमारे लिए ही बैठे हैं, उन्हें कोई और काम नहीं सिवाए उनकी बात सुनने के।

2. या फिर ऐसे वक़्त फोन किया जाता है, जो समय कुछ लोगों के लिए आराम का होता है।

3. गहराई से जानकारी हासिल करना– गहराई से पूछ-ताछ करना– आपका नाम क्या है, आप शादीशुदा है या नहीं, आपकी उम्र कितनी है, आप कार या बाइक रखते हैं, क्या आप क्रेडिट कार्ड प्रयोग करते हैं, क्या आपका मकान है, आप क्या करते हैं आदि।

ऐसी कई बातें हैं जो अच्छी मार्किटिंग को बदनाम और नाकाम कर देती है। ऐसे ग़लत तरीक़े इस्तेमाल नहीं करने चाहिए।

एक अच्छी कम्पनी को और उसके प्लैन एवं प्रोडक्ट को बदनाम और नाकाम करने में ऐसे कर्मचारियों का बड़ा हाथ होता है जो कम्पनी के रेकमेन्डेशन एवं प्रचार की ज़िम्मेवारी लेते हैं– चाहे वो फ़ोन द्वारा हो या घर-घर जाकर या फिर ऑफिस में आमने-सामने बैठकर। बेशक आपकी कम्पनी या आपका प्रोडक्ट कितना ही अच्छा, आकर्षक क्यों न हो–आप जब तक ग्राहक को उसकी ज़रूरत नहीं दर्शायेंगे, वो उसका ज़रूरतमंद नहीं बनेगा।

उसे ज़रूरतमंद बनाना ही असल में आपका कार्य है। कम्पनी ने आपको इसीलिए रख छोड़ा है, न कि ऊट-पटाँग बातें कर कम्पनी और उसके प्रोडक्ट को बदनाम करने के लिए।

एक और ग़लत तरीका

झूठ बोलकर कस्टमर को फाँसना कि "आपका फ़ोन न० सिलेक्ट किया गया है– आप हमारी कम्पनी के लक्की विनर हैं, आपको दिया जायेगा एक ज्वैलरी सेट और एक हॉलिडे पैकेज, तो आप पति-पत्नी आयें और अपना गिफ़्ट लेकर जायें।"

वहाँ पहुँचने पर पता चलता है कि ये एक इनवेस्टमेन्ट कम्पनी है जो इंश्योरेंस करवाना चाहती है कम से कम 14 हज़ार रु. प्रति वर्ष। वे जबरन अपनी बातों में कस्टमर को फाँस कर उनसे फार्म भरवा लेते हैं और कम से कम 500/ रु. की माँग करते हैं। कस्टमर शर्मिन्दा होकर 100/ रु. दे ही देता है और उसे मिलते हैं एक जोड़ी इयर-रिंग जो 5-10 रु. में आसानी से मिल जाती है। अगर बात करते हैं हॉलिडे पैकेज की तो जवाब मिलता है, ''जब इंश्योरेन्स करवायेंगे तब मिलेगा।''

दूसरा ग़लत तरीका

ऐश के लिए झूठ बोलना और ग्राहक को बेवकूफ़ बनाकर लूटना कोई इनसे सीखे। ये वो लोग हैं जो ग़रीब ज़रूरतमन्दों को पैसा देते हैं यानी लोन– [पर्सनल लोन] पहले ये फ़ोन करते हैं, फिर अपनी मीठी-मीठी बातों में फाँसते हैं। जब ज़रूरतमन्द बैंक पहुँचते हैं तो उनको 20-25 हज़ार रु. थमाते हैं जबकि उन्हें ज़रूरत होती है 50 हज़ार की, 1 लाख की। ज़रूरतमन्द तो सोचता है कि 'पैसा मिलते ही वो कार्य शुरू कर देगा, ताकि बैंक को भी समय पर लौटा सके और अपना भी काम बनाले।'

पर अफ़सोस बेचारे को मिलता है सिर्फ़ 20 से 25 हज़ार। और जब ज़रूरतमन्द मना करता है तो उसे समझाया जाता है- "देखो अभी तो आप सिर्फ़ हमारे कस्टमर बन जाएं। 9 महीने बाद आपका री-लोन करवा देंगे, तब आपको पूरा पैसा मिल जायेगा। पर याद रहे, री-लोन के लिए आपका कोई भी चैक बाउन्स नहीं होना चाहिए।"

9 महीने बाद जब री-लोन के लिए बुलाते हैं तो कस्टमर को कहते हैं- "तुम्हारा लोन 40 हज़ार का पास हुआ है।" कस्टमर दिल ही दिल में सोचता है- 'चलो 40 हज़ार से काम चला लूँगा।' जब काग़ज़ी कार्यवाही शुरू हुई तो साथ में इंश्योरेंस पॉलिसी भी थमा दी गई। 'ये क्यों?' ये इसलिए कि ब्याज दर कम लगेगी।

और अगर तुम्हें कुछ हो गया तो कम्पनी इसी से अपने पैसे की भरपाई कर लेगी।

"क्या इसका पैसा अलग से भरना पड़ेगा?"

"जी हाँ, ज़्यादा नहीं 2,400 रु. 6 महीने में भरना है।"

कस्टमर के लाख मना करने पर भी ये लोग नहीं मानते और मजबूर कर देते हैं पॉलिसी लेने पर। जब चैक मिलता है तो 21 हज़ार का। कस्टमर का गला खुश्क हो जाता है 'ये क्या?'

तब उसे बताते हैं कि जो पिछला लिया था वो सब ख़त्म हो गया। अब पूरा लोन 40 हज़ार का हुआ और अब आपको 48 महीने तक देते रहना है 1700/ रु. प्रति माह।

यही है शब्दों की धोखेबाज़ी। बेचारा क्या करे, ग़रीब ज़रूरतमन्द जो ठहरा- आख़िरकार हर महीने 1700/ रु० देना ही है, अगर किसी महीने में न दे पाये और चैक बाउन्स हुआ तो उसके घर के चक्कर इस बैंक के कर्मचारी ऐसे काटते हैं यूँ मानो जैसे उसने बहुत बड़ा जुर्म किया हो! उसे पैसे देने को कहा जाता है साथ ही फाइन (fine) 250/ रु०। अगर डयू डेट से 8-10 दिन लेट हो जाता है तो मोबाइल पर बैंक से ऐसे फ़ोन आते हैं जिसमें ग़लत शब्दों का इस्तेमाल किया जाता है यानी शब्दों में बेइज़्ज़ती।

यह सब तरीक़े ग़लत होते हैं- जब वो 250/- रु. फ़ाइन दे रहा है तो कोई हक़ नहीं बनता कि ऐसे शब्दों द्वारा ग्राहक को अपमानित किया जाये।

ऐसे में कहीं-कहीं बाप को बाप मिल जाता है और फिर भरपाई कम्पनी को करनी पड़ती है। ये सारे तरीक़े मार्किटिंग के लिए नहीं हैं। ये सब तरीक़े मुम्बई की छोटी-छोटी गलियों एवं इलाकों के हैं जहाँ हफ़्ते वसूल जाते हैं, लोगों की बेइज़्ज़ती की जाती है। ऐसे तरीक़े प्रोफ़ेशनल फ़ील्ड एवं किसी बड़ी मार्किटिंग के लिए नहीं है।

जिस तरह से आप, मीठी-मीठी बातें करके और सम्मान देकर ग्राहक को पैसा देते हैं, उसी तरह से लेने का हक़ रखते हैं।

अगर कस्टमर आपको सभ्य तरीके से पैसा नहीं चुकाता तो फिर उसके लिए कुछ रूल्स हैं, कानून हैं।

क्या ज़रूरत है एक बन्दे को फाँसना, पैसा देना। चलो अगर वो कस्टमर बन ही गया तो उसे उसका अंजाम काउन्सिलिंग करके समझाओ। उसे बताओ कि न देने पर कम्पनी ऐसा-ऐसा करती है– उस वक़्त आप अपनी बेइज़्ज़ती मत समझना। अगर कोई उस पर भी पैसा लेना चाहता है, तो 'स्वागतम'! पर उसे फँसाओ नहीं कि आपको इंश्योरेंस पॉलिसी लेनी ही होगी, नहीं तो ब्याज दर कम न होगी।

ये सब घटिया हरकतें कम्पनी नहीं करती, ये सब कम्पनी के कर्मचारी करते हैं जिन्हें कम्पनी के बड़े अधिकारियों ने देखभाल करके चुना है।

मेरी समझ में नहीं आता, क्या देखकर चुना है ऐसे लोगों को जो इन्सान के भेस में भेड़िये हैं, जो अपने स्वार्थ, अपने मतलब के लिए लोगों का खून पीते हैं और कम्पनी को वस्तत्रहीन करके बीच चौराहे पर खड़ा कर देते हैं।

मैं ऐसी कम्पनी के मैनेजमेन्ट विशेषज्ञों से बिल्कुल इत्तेफ़ाक़ नहीं रखता।

•

व्यापार की एक नई दुनिया
(A New World of Trade)

ये दुनिया इन्सानों की अपनी बनाई हुई है। इस दुनिया के बनाने वाले मास्टरमाइन्ड यानी फादर ऑफ कंप्यूटर का नाम चॉर्लस बैबेज है।

आज अगर 21वीं सदी में विकास की इस तेज़ रफ्तार की वजह कंप्यूटर को मान लें, तो ग़लत न होगा क्योंकि हक़ीक़त यही है। 16 साल पहले यह सोचा भी नहीं जा सकता था कि इस नई सदी में कंप्यूटर नाम के इस उपकरण पर दुनिया पंख लगाकर आसमान छू लेगी।

आज चारों ओर कंप्यूटर शिक्षा के लिए लोगों में जो जोश और जुनून पाया जा रहा है, मैंने अब तक किसी भी क्षेत्र में नहीं देखा।

आज कंप्यूटर इन्सानी जिन्दगी का एक अहम हिस्सा बन गया है, जिसके बिना इन्सान अधूरा और बेजान है। कंप्यूटर के बदौलत ही सारी दुनिया आज नज़रों के सामने है।

आज हम सभी प्रकार की मार्किटिंग अथवा इन्फॉर्मेशन ई-मेल एवं इंटरनेट द्वारा ले दे सकते हैं।

आइये, इसी इंटरनेट से रू-ब-रू होते हैं–

इंटरनेट (Internet)

आज इन्टरनेट पूरी दुनिया में डायरेक्ट मार्किटिंग की एक अनोखी मिसाल है। आज आप अपनी लगभग हर ज़रूरत को इन्टरनेट से पूरा कर सकते हैं। आज दुनिया का सबसे बड़ा नेट मानी जाने वाली इन्टरनेट मार्किटिंग से अधिकतर लोग जुड़ चुके हैं।

अगर इन्सान रियल नेटवर्क से रू-ब-रू होना चाहे तो वो है, इन्टरनेट मार्किटिंग जो आपको ट्रैडीशनल मार्किट से कहीं ज़्यादा लाभ दे रही है।

इन्टरनेट मार्किटिंग एक ऐसा नेटवर्क बन चुका है जो ज़मीन से लेकर आसमान की ऊँचाई तक का सफ़र कर आपको हर एक चीज़ की सूचना दे सकता है– चाहे वो अच्छी हो या बुरी। इन्टरनेट इन्सानी ज़रूरतों के लिए एक अहम रोल अदा कर रहा है, जो बाहर की दुनिया यानी परम्परागत मार्किट में प्राप्त करना बहुत मुश्किल हो सकता है। जैसे- आज हम किसी भी विशेषज्ञ से सलाह लेने जाते हैं, तो सबसे पहले उसकी फ़ीस के बारे में सोचना पड़ता है– हो सकता है वो 2 सौ से 2 हज़ार हो। आज जब हमें अपनी शादी या बहन-भाई की शादी के लिए हमारे मन-पसन्द साथी की ज़रूरत पड़ती है, तो हम अख़बार एवं मैगज़ीन एवं शादी पॉएन्ट जैसे ज़रिये इस्तेमाल करते हैं, पर आज इन्टरनेट के ज़रिये हम इस कार्य को अन्जाम दे सकते हैं। अगर हमारे पास कंप्यूटर नहीं है, तो हम साइबर-कैफे में जाकर 10 से 20 रु. में जानकारी प्राप्त कर, अपना मन-पसन्द साथी चुन सकते हैं। यही काम परम्परागत मार्किट में हज़ारों में होता है। तो ये फ़ायदे हैं डायरेक्ट नेटवर्क मार्किटिंग में।

इंटरनेट के ज़रिये आप डायरेक्ट इन्फॉर्मेशन प्राप्त कर सकते हैं, न कि कोई मध्यवर्ती के ज़रिये। इंटरनेट से जो भी इन्फॉर्मेशन आप प्राप्त करते हैं, उसकी जानकारी सिर्फ़ आपको होती है– अड़ोस-पड़ोस को नहीं। इंटरनेट नेटवर्क मार्किटिंग विश्व में सबसे सस्ती और अच्छी मार्किटिंग साबित हो रही है।

इंटरनेट का दुरूपयोग

आज जिस संसार में हम साँस लेते हैं– उसमें अच्छे और बुरे वातावरण का मेल है। जब हम साँस लेते हैं तो स्वच्छ हवा यानी ऑक्सीजन लेते हैं और जब साँस छोड़ते हैं तो कार्बन डाइऑक्साइड छोड़ते हैं। इसी तरह से ये संसार अच्छाई और बुराई का मिश्रण है। एक इन्सान वो है जो एक अच्छी चीज़ का आविष्कार करता है जैसे दवा। वहीं दूसरा इन्सान शराब, अफीम, गांजा, ड्रग्स, हीरोइन का आविष्कार करता है। एक इन्सान को ज़िन्दगी देता है, एक ज़िन्दगी लेता है। पर दोनों के आविष्कार में अच्छाई- बुराई शामिल होती है।

इसी तरह से परम्परागत मार्किट में भी अच्छाई-बुराई है, नफ़ा-नुकसान है– वैसे ही नेटवर्क मार्किटिंग में भी नफ़ा-नुकसान है, अच्छाई-बुराई है चाहे वो मल्टी लैवल मार्किटिंग हो या इंटरनेट मार्किटिंग। जिस तरह से नेटवर्क मार्किट में पी. एम. सी. कम्पनियां हैं, उसी तरह इंटरनेट में भी पाई जाती हैं।

इंटरनेट एक बहुत बड़ी मार्किट है, जहाँ से आप अच्छाई और बुराई-दोनों ही आसानी से ख़रीद सकते हैं। यही कारण है कि इंटरनेट से जुड़ने के लिए अभिभावक अपने बच्चों को मना करते हैं। पर ये इसका इलाज नहीं-

बाज़ार तो बाज़ार है, अगर बाज़ार के कुछ हिस्सों में बुराई का केन्द्र हो तो इसका मतलब ये नहीं कि हम बाज़ार जाना छोड़ दें। अगर किसी कैफे में वेजिटेरिअन, नॉन वेजिटेरिअन दोनों मिलता हो और हम वेज. हैं, तो इसका मतलब ये नहीं कि नॉन वेज. की वजह से उस होटल में नहीं जाएं। अच्छी बात तो ये है कि हमें जाना चाहिए और अपनी पसन्द की चीज़ लेकर बग़ैर ताँक-झाँक किये अपने टेबल पर बैठकर खाएं या पैक करवाकर घर ले आएं- यही ठीक तरीक़ा है। कट्टर-पंथी किसी भी स्टेज में ठीक नहीं। मान लो आप ऐसे व्यक्ति के पास से खाने-पीने का सामान ला रहे हैं जो टोटल वेज. ही बेचता है पर वो खुद अपने लिए चिकन, मटन, फिश सब कुछ बनाता है; तो?

इसलिए बस अपनी ज़रूरतों पर ध्यान देना चाहिए। बाज़ार (market) का मतलब है सारी ज़रूरतों को पूरा करने की जगह– चाहे अच्छी हों या बुरी।

मेरे कहने का मतलब है– इन्टरनेट मार्किट से भी आज कुछ ग़लत लोग, ग़लत चीज़ें ख़रीद व बेच रहे हैं। कुछ लोग अपनी वेबसाइट पर ग़लत सूचना देते हैं जो वो असल में होती नहीं, बिल्कुल वैसे ही जैसे कि परम्परागत मार्किट में होता है– बड़ी-बड़ी तारीफ़, खूबसूरत प्रचार (advertisement) आकर्षक पैकिंग– पर असलियत इस्तेमाल करने पर पता चल जाती है।

ठीक इसी तरह इन्टरनेट पर एक लड़का अपनी वेबसाइट पर देता है कि,

"मुझे एक भारतीय लड़की से शादी करनी है। मैं U. S. A में रहता हूँ। मैंने यहीं से बी. कॉम किया.है। मैं एक अच्छी कम्पनी में काम कर रहा हूँ- इस कम्पनी में जनरल मैनेजर के पद पर कार्यरत हूँ। मेरे माता-पिता भारत, चन्डीगढ़ से ताअल्लुक़ रखते हैं। मेरी उम्र 26 साल है, 17 जुलाई को मैं 27 वर्ष का हो जाऊँगा। मेरी हाइट 5.8" है। रंग-खूबसूरत, गोरा। मेरी हॉबी- टेबल टेनिस है। मेरा स्वभाव- मीठा, रसना जैसा मानो हमदर्द का रूह- अफ़्ज़ा। बस खुश रहना और दोस्तों को खुश रखना। मुझे ज़रूरत एक ऐसे साथी की है जो पत्नी कम, दोस्त ज़्यादा महसूस हो, जो हर पल मुस्कुराती रहे। मेरी सारी खूबियाँ उसमें हों, ग्रैजुएट हो, खूबसूरत हो, 21 से 25 वर्ष की हो, जो बिल्कुल बिन्दास हो, बात-बात पर नेगेटिव न सोचती हो– ऐसा नहीं करना चाहिए,

वैसा नहीं करना चाहिए। डेट पर आने से न कतराए। अगर डेट पर आये तो वो मेरे मुताबिक़ आये।

डेट

डेट पर आने से पहले अपनी झिझक को दूर करे, यूँ समझे कि एक दोस्त से मिलने जा रही हूँ, जहाँ ढेर सारी बातें करेंगे, एक दूसरे को समझेंगे और खाएंगे-पियेंगे, और एक अहम फैसला लेकर वापस घर आएंगे। उसके लिए ख़्याल रहे, मेरी इन बातों का जिन्हें मैं अच्छा नहीं मानता:-

1. तेज़ परफ़्यूम
2. ज़्यादा मेक-अप
3. ढेर सारे कपड़ों में लदी हुई
4. खुद को ओवर-स्मार्ट समझना
5. पहली मुलाक़ात में मेरे बारे में सारी बातें जानने की कोशिश
6. पसन्दीदा बातें न करना, खुलकर बातें न करना
7. झूठी और बनावटी बातें करना एवं बनावटी मुस्कुराहट

ये सब बातें नहीं होनी चाहिए डेट पर।

ऐसे वेबसाइट को पढ़कर कुछ लड़कियाँ ऐसे लड़के की फोटो और पर्सनैलिटी देख दिल ही दिल में फ़िदा हो जाती हैं और 'फिदा हुसैन' बन, मन की दुनिया में तस्वीरें बनाना शुरू कर देती हैं। आख़िर वो वक़्त आ ही जाता है, जिसे डेट कहते हैं। वो लड़का यू. एस. ए. से भारत, दिल्ली आ जाता है सिर्फ़ एक लड़की के लिए नहीं, बल्कि कई लड़कियों के लिए।

लड़का एक लड़की अनेक

लड़का आने से पहले हर उस लड़की की बात अपनी फैमिली से करवा देता है जैसे मम्मी, दादी, बुआ, वगैरह। हर लड़की डेट पर जाने की तैयारी में जुट जाती है और बारी-बारी डेट पर लड़का, लड़कियों से मिलता है और जिसे ज़्यादा सैक्सी देखता है, उससे मन की बात बोल देता है। अगर लड़की ने हाँ कह दी तो निकल पड़ी, नहीं तो दूसरी-तीसरी। इसी तरह से कुछ वक़्त या फिर कुछ वर्ष तक, ये दौलतमन्द लड़के अपना वक़्त डेट के चादर तले

गुज़ारते रहते हैं। इनका मक़सद लड़कियों के जिस्म से अपनी भूख मिटाना होता है न कि शादी।

ऐसी डेट पर अपनी खोई आबरू वो लड़की ज़िन्दगी भर टटोलती रहती है और अपनी आँखों को मलती रहती है। वो इसे एक शैतानी ख़्वाब समझकर भुलाना चाहती है, पर नहीं भूल पाती– क्योंकि वो एक ऐसा ख़्वाब था, जिसे उसने ख़ुद ही चुना था।

चेतावनी

मुझे आज के लड़के लड़कियों से यही कहना है कि चाहे शादी इन्टरनेट के द्वारा हो या किसी संस्था या अख़बार के द्वारा, पर माँ-बाप के बग़ैर कोई भी क़दम न उठायें। अगर डेट पर जायें भी तो अपने आत्म-विश्वास के साथ, ताकि सामने वाला आपको अपने जाल में न फाँस लें। पहले अच्छी तरह से समझ लें, फिर क़दम उठायें और इन्टरनेट को अच्छे कार्य की लिए ही इस्तेमाल करें, न कि ग़लत कार्य के लिए।

इन्टरनेट के ज़रिये अगर ग़लत लोगों से मुलाक़ात हो जाये, तो ज़िन्दगी तबाह व बर्बाद हो जाती है। माता-पिता को चाहिए कि उनसे कंप्यूटर न छीनें बल्कि उन पर नज़र रखें और उन्हें कंप्यूटर को अच्छी शिक्षा दें ताकि वो भविष्य में कामयाब हो सकें।

•

साहिल नहीं ख़्वाहिशों का

(There is no limit to Man's Desires)

दोस्तों, अगर आपकी खुद से या अपने कार्य-क्षेत्र से दोस्ती है, तो आपका कार्य बढ़ता जायेगा क्योंकि ये इच्छा (ख़्वाहिश) ही है जिसकी कोई सीमा नहीं होती।

ख़्वाहिश एक अपार शक्ति का नाम है जिसके अन्दर बड़ी से बड़ी सरहद और मुल्क को जीतने व पाने करने की क्षमता पाई जाती है। ख़्वाहिश की कोई मंज़िल नहीं होती, न ही कोई लिमिट- बस जितना मिले उतना ही कम है।

ये ख़्वाहिश कई रूप धारण कर मनुष्य में समा जाती है। जिस तरह से अच्छाई-बुराई हर जगह पाई जाती है, ठीक वैसी ही ख़्वाहिश हर वर्ग के लोगों में पाई जाती है।

जानवर इन्सान बनने की ख़्वाहिश रखता है और इन्सान फ़रिश्ता और शैतान बनना चाहता है।

ग़रीब-अमीर बनना चाहता है, अमीर- राजा ताकि सब पर हुकूमत कर सके, राजा-कुबेर बनना चाहता है और कुबेर- भगवान बन भाग्य बनाने वाला बनना चाहता है। इस चाहत की सीमा नहीं-

इस पर एक किस्सा सुनाता हूँ-

एक व्यक्ति को रब ने सज़ा सुनाई कि उसे स्वर्ग और नर्क के बीच खड़ा कर दे और उसका मुँह नर्क की ओर कर दे। फ़रिश्ते ने ऐसा ही किया।

जब उस व्यक्ति ने नर्क का भयंकर मंज़र (दृश्य) देखा, तो वह घबरा गया और रोने और आजिज़ी करने लगा। कहने लगा- ''ऐ रब! मैं तुझसे कुछ और न माँगूगा- बस मुझे माफ़ कर दे और मेरा मुँह नर्क की ओर से स्वर्ग की ओर कर दे। मैं क़सम खाता हूँ, रब तेरी शान की और जलाल की– मुझे और कुछ

नहीं चाहिए।" यह सुनकर रब ने फ़रिश्ते से कहा, ''जाओ, उसका मुँह स्वर्ग की ओर कर दो।'' फ़रिश्ते ने ऐसा ही किया।

जब उस व्यक्ति ने स्वर्ग का नज़ारा देखा तो उसके दिल में लालच आया और फिर रोने और आजिज़ी करने लगा, ''ऐ रब! तू तो बड़ा रहम करने वाला है, मेरे ऊपर भी रहम फरमा- बस तुझ से कुछ और न माँगूंगा तेरी शान व जलाल की क़सम, बस मुझे स्वर्ग के दरवाज़े पर छोड़ दे।'' उसके रोने व आजिज़ी से रब ने फ़रिश्ते को हुक्म दिया– 'जाओ उसे स्वर्ग के दरवाज़े पर छोड़ दो।'' फ़रिश्ते ने ऐसा ही किया– उसे स्वर्ग के दरवाज़े पर छोड़ दिया।

जब वो दरवाज़े पर पहुँचा तो अन्दर की सारी खूबसूरती उसे नज़र आने लगी। उसने रब से फिर रो-रो कर प्रार्थना करना शुरू कर दिया, ''ऐ रब! तू बड़ा ही रहम करने वाला है– मुझे कहाँ से कहाँ पर ले आया है। रब मैं क़सम खाता हूँ तेरी, तेरे जलाल की– मैं कुछ और न माँगूंगा, बस मुझे अन्दर पहुँचा दे।'' उसकी आजिज़ी से रब ने फ़रिश्ते को हुक्म दिया- ''जाओ उसे स्वर्ग के अन्दर कर दो।'' फ़रिश्ते ने ऐसा ही किया और उस व्यक्ति से कहा- ''तुझे शर्म नहीं आती, तू बार-बार क़सम खाता है– मैं कुछ और न माँगूंगा और फिर माँगता है– यह कहकर फ़रिश्ता चला गया।

जब उस व्यक्ति ने अपने महल से देखा तो एक और ख़ूबसूरत महल नज़र आया जिसे देखकर उसके दिल में लालच आ गया और वही रोना-पीटना और रब से उस महल की भीख माँगना और क़सम खाना शुरू कर दिया कि इसके अलावा कुछ और न माँगूंगा। फिर रब उसकी प्रार्थना सुन लेता है और पहले की तरह फ़रिश्ते को भेज देता है- ''जाओ उसे वो महल दे दो।'' फ़रिश्ता उसे वो महल देते हुए बोला, "तू कैसा इन्सान है हर बार झूठ बोलता है। इसके सिवा कुछ और न माँगूंगा, फिर माँगता है।''

इसी तरह कई महल माँगता है और रब उसे दे देता है। क्योंकि वो सब उसी का होता है, पर रब उसे आज़माता है और फ़रिश्ता उसे हर बार उसकी क़सम याद दिलाता है।

•

एक भली-सी चाहत बदल सकती है तकदीर दुनिया की

दोस्तों आज मैं आपको एक सच्चाई से परिचित करा रहा हूँ- वो ये है कि हम इन्सानों ने दुनिया के लगभग सभी हिस्सों में अपनी हुकूमत का झंडा लहरा दिया है- यहाँ तक कि मंगल गृह तक पहुँचने की पहुँच भी बना ली है, चन्द्रमा पर अपना आशियाना बना लिया है।

और सीख ली है हमने एक-दूसरे की भाषा और समझने लगे हैं जानवरों की ख़्वाशियों को। आ गया है समझ में आग और पानी का मूल्य और सीख लिया है पेट भरने का हुनर और जान चुके हैं हम अपनी क़ीमत। हमें पता है कि एक गुर्दे (Kidney) की क़ीमत क्या होगी, एक आँख की क़ीमत क्या होगी, एक मुर्दे की क़ीमत क्या होगी। चार महीने का वो बच्चा जो अभी माँ के पेट में अपने ज़िन्दगी की तस्बीह (माला) पढ़ रहा है, उसे मार डालते हैं यह जानकर कि लड़की है और अबॉर्शन करा देते हैं और ये 4-5 महीने का बच्चा बन जाता है खूबसूरती और मेक-अप का सामान।

खुद को हम इन्सानों ने एक बुद्धि-जीवी जाति समझ लिया है और ये भी खूब जान गये हैं कि हम से बेहतर कोई दूसरी जाति भी न होगी।

ईश्वर स्वरूप खुद को समझने वाले इन्सान ने ये नहीं समझा कि हमें इन्सान क्यों कहा गया है?

इन्सान

असल में ये शब्द अरबी है जिसका अर्थ है- आदमी, बशर, मोहब्बत रखने वाला, इख़्लाक से भरा हुआ, आरासता।

असल में इन्सान शब्द को 'उन्स' से लिया गया है जिसका अर्थ मोहब्बत, प्यार, रूगबत (आकर्षक), मेल-जोल है।

बस एक भली-सी बात समझ में अब तक नहीं आई कि रब ने इन्सान को मिट्टी का पुतला बनाकर उसके सरापा (कण-कण) में प्यार-मोहब्बत, दोस्ती के खूबसूरत रंग भर दिये हैं जो अन्दर और बाहर से एक समान है! जिस्म के हर एक अंग को प्यार-मोहब्बत के दिलकश रंगों से ऐसा रंग दिया है कि जो भी देखे वो दंग रह जाये।

दुनिया की हर शय इन्सान पर फिदा है। हर शय इन्सान को दोस्त बनाना चाहती है, पर इन्सान है कि आज तक यह नहीं समझ पाया कि चौरासी लाख जातियों में एक मनुष्य जाति ही क्यों, अच्छी-जब कि हमसे बेहतर सूरज, चाँद, फूल, तितलियाँ हैं जिनके आगे हम फ़ीके पड़ जाते हैं पर रब ने हमें ही क्यों सबसे बेहतर समझा- क्यों अपने स्वरूप बनाया?

वो इसलिए कि रब ने इन्सान को प्यार, मोहब्बत, दोस्ती के ख़मीर से बनाया- यही वजह है कि इन्सान तन्हा रहना पसन्द नहीं करता; और यह भी सच है- न ईश्वर ही पसन्द करता है तनहाई। यही कारण है कि हमें प्यार-मोहब्बत वफा का पुतला बनाया गया है ताकि हम मोहब्बत करें, दोस्ती करें, वफा करें- ईश्वर से और उसकी बनाई हुई हर उस शय से जिसे वो पसन्द करता है।

अगर ईश्वर का मक़सद इन्सान को पैदा करना न होता तो चौरासी लाख योनियाँ भी न होतीं। इस क़ायेनात को बनाया है तो सिर्फ़ इन्सान के लिए। इन्सान को ईश्वर ने फ़रिश्तों से भी अफ़ज़ल (बेहतर) इसलिए कहा है कि इन्सान पैदाइशी बुद्धि जीवी है। उसे रब ने अक़्ल-सलीम अता की है- अगर इन्सान आज खुद को पहचान ले तो जीते जी आलमे अरवाह (साँतवे आसमान पर आत्माओं के लिए बनाया एक मक़ाम, केंद्र) तक पहुँच सकता है।

मेरी ये बात शायद कुछ विद्वानों को न भाये पर सच यही है चाँद और मंगल-गृह तक का सफ़र साफ़-साफ़ बतला रहा है कि कुछ मुश्किल नहीं आलमे अरवाह का सफ़र, बस मुश्किल है तो वो यह कि इन्सान खुद को पहचाने कि वो प्यार, मोहब्बत, दोस्ती, वफ़ादारी के लिए पैदा किया गया है- न कि नफ़रत, दुश्मनी या एक-दूसरे से मारकाट के लिए।

नफ़रत ईश्वर में नहीं
दुश्मनी ईश्वर में नहीं
मतलब ईश्वर में नहीं

- जब ईश्वर में ये सब नहीं है, तो इन्सानों में ये कहाँ से आया।

अगर दुश्मनी, नफ़रत, मार-काट इन्सानों की फितरी चीज़ है तो फिर ये कहना ग़लत होगा कि इन्सान को ईश्वर ने अपने स्वरूप बनाया है (यानी अपने जैसा ब़नाया)। अगर ये सही है, तो फिर वो ग़लत है जिसे इन्सान अपनाते हैं- नफ़रत, दुश्मनी, मार-काट। ये सब इन्सानों का काम नहीं, इसके लिए वहशी जातियाँ जानवरों में बनाई हैं जो सिर्फ़ अपना पेट देखते हैं चाहे उसे पेट भरने के लिए किसी भी जीव का मांस ही क्यों न खाना पड़े।

ये सब ख़ासियतें इन्सानों में वहशियों में से ही आई हैं- यही वजह है कि आज इन्सान अपने पेट के लिए इन्सानों का मांस भी खा लेते हैं। अभी गये साल की बात है 2009 की हिन्दुस्तान अख़बार की रिपोर्ट है- 3 अघोरी जो शमशान में ही रहते थे- उनकी ख़ुराक मुर्दे होते थे। जब मुर्दों को जलाते थे, उसी समय ये अघोरी लकड़ी से माँस छिटका लेते थे और उसे तीनों मिलकर खाते थे। ये वहशियाना तरीक़ा कहाँ से आया? ये इन्सानों का तरीक़ा नहीं।

जिस दिन मैंने ये ख़बर पढ़ी उसी दिन से यानी उसी दिनांक से मैंने मीट-मछली, अण्डा खाना बन्द कर दिया। मैं एक मुसलमान हूँ- मांसाहार तो हमारी परम्परा से चला आ रहा है। उसके बावजूद मेरे दिल के एक कोने में बैठे इन्सान ने मांसाहार से इन्कार कर दिया। हालाँकि मेरे अपनों ने मांसाहार से इन्कार का मतलब कुछ और निकाला- उनका कहना है कि इसका कारण वेद, भगवदगीता, राम चरित्र मानस और कई पुराणों का पढ़ना; कुछ पंडितों से मेल-जोल है। पर ऐसा कुछ नहीं किसी के चरित्र को कोई नहीं बदल सकता जब तक कि ईश्वर न चाहे।

मुसलमानों में एक बहुत बड़ी महान स्त्री गुज़री हैं जो अरब मुल्क के बसरा इलाके में पैदा हुई थीं जिन्हें विद्वान लोग राबिया बसरी के नाम से जानते हैं। उन्होंने शादी नहीं की थी।

एक बार की बात है- एक महात्मा उनके पास पहुँचे जिनका नाम हसन बसरी था। और उनसे बात की- ''चलो, आज नमाज़ हवा में पढ़ते हैं।'' जवाव में राबिया बसरी ने कहा- ''हवा में नमाज़ पढ़ने का मतलब तो ये हुआ कि आप अपने कमालात दिखाना चाहते हैं, तो मैं ये आपको बता दूँ कि हवा में एक अदना मक्खी भी अपना पर फैलाकर रब की हम्द व सना (भक्ति) कर लेती है और पानी गें एक मछली।''

राबिया बसरी ने हसन बसरी को ये महसूस कराना चाहा कि कमालात (चमत्कार) ज़रूरी नहीं हैं- ज़रूरी है कि खुदा को और उसके पैदा किए हुए जीव-जन्तुओं को दोस्त कैसे बनाया जाये। यही अहसास कराने राबिया बसरी एक जंगल में जा पहुँची। राबिया बसरी ने वहाँ पहुँच कर रब की हम्द व सना की यानी दो रिक़अत नमाज़ अदा की। जब नमाज़ पढ़कर दुआ माँगने लगी तब एक शेर राबिया बसरी के पीछे बैठा अपने मुँह को उनके पैरों पर लगाने लगा (कुछ का लिखना है चाटने लगा जैसा कि जानवरों में आदत होती है)। ये देख हसन बसरी हैरान हो गये और राबिया बसरी के पास पहुँचे। उन्हें देखकर शेर वहाँ से भाग गया।

राबिया बसरी से हसन बसरी ने इन कमालात को पूछा तो राबिया बसरी ने जवाब दिया- ''इसमें कोई कमालात नहीं और न हैरत वाली कोई बात है। रब की इबादत (उपासना) जितनी आप करते हैं उतनी ही मैं भी करती हूँ; फ़र्क़ इतना है कि आप जानवरों का गोश्त (मीट खाते हैं और मैं नहीं खाती। यही वजह है कि ये मेरे दोस्त हैं और आपसे डरते हैं।''

इस किस्से का मतलब ये नहीं कि सारे मुसलमान मीट खाना छोड़ दें। मगर ये भी नहीं कि कोई नहीं खाये तो उसे मजबूर किया जाये। ईश्वर का भगत वही बन सकता है जिसमें दोस्त बनाने की या बनने की सीफ़त (गुण) मौजूद हो। ईश्वर की दोस्ती के लिए दुनिया को त्यागना या परिवार को त्यागना ज़रूरी नहीं।

गिर-गिर के मासूम चलना सीख लेता है
ज़बाँ मिली है तो बोलना सीख लेता है
उसको न सिखा अन्दाज़-ए-मोहब्बत ऐ फैज़
इश्क में इन्साँ खुद ही सीख लेता है।

– ए. एस. फैज़

हम दुनिया की हर चीज़ से वाक़िफ (परिचित) हो गये हैं। अगर न हुए तो वो खुद से-

अगर हम आज भी खुद में झाँक कर देखें तो एक शबनम के क़तरे जैसा एक क़तरा साफ़ व शफ़ाफ़ प्यार मोहब्बत दोस्ती का पुकार-पुकार कर यही कह रहा होगा- कि मैं किसी आँख की ठण्डक हूँ, किसी दिल का करार व सुकून हूँ।

आज भी अगर हम इस वफ़ा के क़तरे को किसी भी शय पर छिड़क दें, तो वो शय हममें बसने के लिए तड़प जायेगी। अगर पहाड़ पर गिरा दें, पहाड़ रेज़ा-रेज़ा हो जाये।

यही वो क़तरा है जिसे पाकर हज़रत इब्राहीम अल्लाह के दोस्त बन गये- और हज़रत मूसा रब से बातें करने लगे-और हज़रत ईसा मौत की सवारी किये बग़ैर आलमे अरवाह चले गये।

इस क़तरे को जिसने भी पाया वो रब के क़रीब हुआ, दोस्त हुआ- चाहे वो ख़्वाजा अब्दुल कादिर जिलानी रहमतुल्ला अलै हों या ख़्वाजा मुइनुद्दिनी चिश्ती या निज़ामुद्दीन औलिया या कुतुब्बुद्दिन काकी महरौली शरीफ़ या गुरू नानक या साईंबाबा या महात्मा बुद्ध या मदर टेरेसा।

इन सभों ने उस मासूम शबनम जैसे क़तरे को खुद में पाया- तभी तो दुनिया वाले भी दोस्त बन गये और दुनिया बनाने वाले भी उनके दोस्त बन गये। अगर मुझसे कोई ये सवाल करे कि दुनिया वाले इन महात्माओं के दोस्त बने- इसमें कोई शक नहीं पर दुनिया बनाने वाला इनका दोस्त बना हो, इसका क्या सबूत है। तो इसका जवाब मेरे पास ये है-

वो ये कि जब तक आप ईश्वर का भगत या दोस्त नहीं बनते तब तक कोई भी शय आपकी दोस्त नहीं बन सकती- चाहे वो आपकी पत्नी या औलाद ही क्यों न हो, और ईश्वर को दोस्त बनाना ही उसका भगत बनना है। रब का बन्दा हम कब बनते हैं- जब हम रब की बन्दगी करते हैं।

रब की बन्दगी कई प्रकार से की जा सकती है पर आसान और सरल तरीक़ा है कि रब ने हमें अपने जैसा क्यों समझा- इसे समझना।

''ईश्वर ने हमें अपने स्वरूप बनाया''- ऐसा क्यों कहा?

इसको समझें- बस इतना समझना ही बन्दगी है। फिर ग़ौर करें उस रब पर जिसने हमें पैदा किया सिर्फ़ एक क़तरे से और उस क़तरे को उस रब ने नज़र बाँध दी कि वो बेटा हो या बेटी- उसकी सूरत, उसकी अकल, उसका ज्ञान, उसका आकार और लिख डाली उसकी तक़दीर।

जब ये समझ में आ जाये कि सच में वो बड़ा रहम करने वाला, हर किस्म का बनाने वाला है- तो एक नज़र खुद पर भी डालें।

ईश्वर ने हमें बग़ैर वस्तु के पैदा ज़रूर किया पर हमारे हाथों की लकीरों में हमारी पेशानी (कपाल) में हज़ारों लाखों करोड़ों उपहार छिपा कर हमें पैदा

किया है। अगर हम आँख की तुलना करें तो दुनिया के अन्त तक कोई भी ऐसी आँख नहीं बना सकता; अगर हम दिमाग़ की बात करें तो दिमाग़ कोई दूसरा नहीं बना सकता; चाहे वो जुबान हो या दाँत, हाथ, पैर हों या जिस्म का एक अदना-सा बाल। हाँ हम नकल कर सकते हैं पर हू-ब-हू नहीं। इतने बेश क़ीमती (अनमोल) उपहारों के बाद भी हम खुद से किस मुँह से ये कहें कि रब ने हमें निःवस्त्र पैदा किया।

रब खूबसूरत है और वो खूबसूरती पसन्द करता है।

रब पाक- वो पाकी पसन्द करता है।

रब हबीब है- मोहब्बत पसन्द करता है।

रब बे-ऐब है- और बे-ऐब ही पसन्द करता है।

(यानी जिसमें कोई ऐब न हो, खोट न हो।)

वो रहमान है- रहम पसन्द करता है।

वो रज़्ज़ाक है- रिज़्क (अन्न) देने वाला है, वो रिज़्क बाँटने वाले को पसन्द करता है।

वो अल-गफ़ूर है- बख़्शने वाला (क्षमा करने वाला) है, वो क्षमा करने वाले को पसन्द करता है।

वो अल-वलिय्यू है- मदद करने वाला, और वो मदद करने वालों को पसन्द करता है।

वो अल-मुइज़्ज़ू है- इ़ज़्ज़त देने वाला, और इ़ज़्ज़त देने वाले को पसन्द करता है।

वो अशशकूर है- यानी क़दरदान, वो क़दरदानी पसन्द करता हैं।

वो अल-मुहिमिनू है- यानी निगहबान (रखवाला) और वो निगहबानी पसन्द करता है औलाद की, प्रजा की, अपने नेट की, अपने पड़ोसी की, अपनी जान व माल की।

वो अल-हसीबू है- यानी किफ़ायत करने वाला, और वो किफ़ायत करने वाले को पसन्द करता है।

वो अल-अदलू है- यानी अदल करने वाला (इन्साफ़ करने वाला) और वो इन्साफ़ करने वाले को पसन्द करता है।

वो अल-करीम है- यानी बख़्शने वाल (रहम व करम करने वाला) वो करम करने वाले को, मेहरबानी करने वाले को पसन्द करता है।

वो अल-वाहीदू है- यानी अकेला, और वो मिल्लत (मेल-जोल) पसन्द करता है।

वो अर-रअुफू है- यानी मेहरबान, वो मेहरबानी पसन्द करता है।

वो अल-हादीयू है- यानी राह दिखाने वाला, वो रहबरी (रास्ता दिखाने वाला) को पसन्द करता है।

वो अल-नूरू है- यानी नूर वाला, रोशनी वाला, और वो रोशन करने वाले को पसन्द करता है- ज्ञान से, अपने चरित्र से, धन-दौलत से, ईमान से, अच्छाई से, ताक़त से, प्यार-मोहब्बत, दोस्ती से।

वो अत्तव्वाबू है- यानी तोबा क़बूल करने वाला है, और वो तौबा करने वाले, माफी माँगने वाले को पसन्द करता है।

वो अल-बररू है- यानी नेक काम करने वाला और वो नेक बन्दा पसन्द करता है।

वो अल-बदीयू है- यानी ईजाद करने वाला, और वो ढूँढने वाले को पसन्द करता है- रब की रहमत और उसके दिये हुए बेहिसाब तोहफ़े (उपहार)।

वो अल-बक़ीयू है- यानी हमेशा रहने वाला, और वो हमेशगी पसन्द करता है और वो है- अच्छाई और बन्दगी और दोस्ती।

वो अस्सबूर है- यानी सब्र करने वाला और वो सब्र करने वाले को पसन्द करता है।

वो अल-वहाबू है- बग़ैर बदले के देने वाला, और वो ऐसों को पसन्द करता है जो बग़ैर बदले के दे।

वो अल-वदूदू है- यानी दोस्तदार, वो दोस्ती पसन्द करता है।

इन सारी सिफ़ात (गुणों।) को जिसने अपने अन्दर समेट लिया, वही रब का दोस्त है और जब रब का दोस्त बन जाता है तो सारी दुनिया उसकी दोस्त बन जाती है।

और वो बन जाता है- एक बेहतरीन नेटवर्कर अर्थात राह दिखाने वाला, ज़रूरत पर काम आने वाला, ज़रूरत पूरी करने वाला।

एक अच्छा नेटवर्कर बनने के लिए एक अच्छे दोस्त का बनना ज़रूरी है- और एक अच्छा दोस्त बनने के लिए उपर्युक्त गुणों को जीवन में लाना ज़रूरी है।

मैं आपको एक क़िस्सा सुनाता हूँ

खुदा - दोस्त - सुल्तान का:-

आज से कई सौं साल पहले की बात है मुशका एक नामक यतीम, बेसहारा-बादशाह के यहाँ नौकर हुआ करता था।

बादशाह बड़ा जालिम था- अपनी प्रजा को दुख तकलीफ़ देना और उनकी बहू-बेटियों से मुँह काला करना उसका चरित्र बन गया था। प्रजा हमेशा उसके लिए बद-दुआ करती रहती थी पर देखने वाली बात ये थी कि उसके सिपाहसालार बड़े वफ़ादार थे। यही कारण कि दूसरे राज्यों में भी उसकी धाक थी। कई राज्यों में तो उसकी बड़ी इज़्ज़त भी हुआ करती थी, क्योंकि वहाँ के बादशाह उसे अपने जैसा रहमदिल और हमदर्द समझते थे। उनका कहना था कि मर्राह के सिपाहसालार अपनी जान देने के लिए हर वक़्त तैयार रहते हैं, और अपनी रिआया (प्रजा) पर ख़ूब नियन्त्रण रखते हैं- मजाल है कि मर्राह के आगे कोई सवाल करे।

मर्राह इसी बहरूपिये बादशाह का नाम था।

पर इन बादशाहों को क्या मालूम कि मर्राह इन्सान के रूप में एक वहशी था जो अपनी दौलत व ताक़त की वजह से हर रात अपनी प्रजा में किसी एक औरत की ज़िन्दगी दाग़दार कर देता था- और उसके ख़िलाफ आवाज़ उठाने वाले को अपने ही महल की चार दीवारी में बने एक कुएँ में डाल देता था इस कुएँ का नाम हाविया रखा था। असल में इस कुएँ में सारे महल का कूड़ा डाला जाता था और जब कोई, बादशाह मर्राह के खिलाफ़ आवाज़ उठाता तो कुएँ में कुछ लकड़ियाँ डालकर आग लगवा देता। जब आग दहक उठती तो उस व्यक्ति को उस आग के हवाले कर देता और अपनी प्रजा के समझदार लोगों को उस कुएँ हाविया के चारों ओर सोग मनाने बैठा देता।

ये सोग तीन दिन का होता था सिर्फ़ प्रजा के लिए। बादशाह एक विद्वान को हाविया के चारों ओर बैठे सोगियों को पाठ पढ़ाने के लिए बैठाता। पाठ कुछ इस तरह का होता - "हमारा बादशाह ही हमारा खुदा है, अच्छाई-बुराई हमारे हाथ नहीं हमारे बादशाह के हाथ में है, हमारे बादशाह हमसे जो चाहें हमें वही करना चाहिए क्योंकि हमारी रोज़ी-रोटी का मालिक हमारा बादशाह ही है। हम उसकी हुकूमत में रहते हैं- उसका कहना मानना हमारा फर्ज़ है हम उसी की दी हुई रोटी खाते हैं- हमें उसी के लिए मरना और जीना

चाहिए, हमें अपनी पत्नी और बच्चों को बादशाह का आज्ञाकारी बनाना चाहिए। दिन हो या रात हमारे जीवन का हर एक पल हमारे बादशाह के लिए समर्पित है। हम वादा करते हैं हम और हमारा परिवार- यह सब हमेशा-हमेशा याद रखेंगे।''

फिर वो विद्वान तीन बार कहता है- 'वादा'- तो सारे सोग मनाने वाले हाविया के चारों ओर अपना माथा टेक देते और कहते- ''वादा-वादा-वादा''। जब तीन रोज़ बीत जाते तो बादशाह मर्राह उन्हें कहता- ''जाओ अपनी-अपनी बीवी, बेटियों को ये सबक दे दो- कि उनके पालनहार हम ही है, उनकी ज़िन्दगी और मौत हमारे ही हाथों में है। जो मेरे हुक्म को मानेगा वो हमेशा खुश रहेगा, उसे मेरी हुकूमत में कुछ मुश्किल न आयेगी और जो मेरे खिलाफ़ जायेगा, उसको हाविया में डाल दिया जायेगा जो उसके लिए नर्क होगा और उसकी आत्मा हमेशा उसी कुएँ में कैद रहेगी, फड़-फड़ाती रहेगी।''

वो समय जिहालत का था- पढ़ा-लिखा व्यक्ति कोई-कोई होता था- और वो भी बादशाह के डर से चुप रहता।

जब सारे सोगी तीसरे दिन अपने घर लौटते उसी समय बादशाह मर्राह उन्हें सीख देता और साथ ही ये भी कहता- ''जाओ अपनी बेटी और पत्नियों को नहला कर साफ़ कपड़े पहना कर सबको मेहमान खाने में ले आओ।'' मर्राह उन्हें नहाने के लिए सुगन्धित मिट्टी और वस्त्र भी प्रदान करता।

जब प्रजा अपनी बेटी और पत्नियों के साथ हाज़िर (उपस्थित) होतो तो मर्राह अपनी रात की खुराक़ उनमें तलाश करता। मर्राह की खुराक (भोग) कम उम्र की लड़कियाँ होतीं। वो एक रात के लिए कई लड़कियों को चुनता। उसके बाद मर्राह अपने सिपाहियों को भी अपनी रातें रंगीन बनाने का आदेश देता पर हुक्म में ये शर्त होती थी कि सिपाही बेटियों में से किसी को नहीं चुन सकता यानी कुँवारियों को नहीं- पत्नियों में से किसी को भी चुन सकते थे। इस महफिल में जवान पत्नियों को ही लाया जाता था। अगर किसी ने अपनी पत्नी को छिपा दिया या बेटी को तो उसकी सज़ा भी हाविया कुआँ ही होता था।

मर्राह के सिपाहसालार का वफ़ादार होना और मर्राह के इशारों पर चलने की ख़ास वजह यही थी।

इसी राजा के यहाँ 'मुशका' खाने-पीने का इन्तज़ाम (प्रबन्ध) करता था। मर्राह इसे नामर्द और कमज़ोर समझता था- इसीलिए इसका नाम मुशका से 'बुदला' रख दिया था। 'बुदला' हिन्दी शब्द है जिसका मतलब ही बेवकूफ, सीधा-साधा होता है।

बुदला दिन-भर महल के खान-सामा के इशारों पर नाचता रहता- कभी ये ला, कभी वो ला। जब रात होती तो वह बादशाह मर्राह की इजाज़त लेकर महल से बाहर दूर खेतों पर चला जाता- वो इसलिए कि सुबह खेतों में से सब्ज़ी ले आये। बुदला की किसी भी बात पर बादशाह को कोई शक़ नहीं होता था चाहे वो महल में रहे या महल से बाहर- ये बुदला की मर्ज़ी होती।

बुदला का दिन महल में गुज़रता और रात महल से बाहर खेतों पर। बुदला खेतों में रात-भर जाग-जाग कर पुकारा करता- ''ऐ इस जहान को बनाने वाले- मर्राह के जुल्मों से इस प्रजा को बचा।'' ये कहता और सर ज़मीन पर टेक कर रोने लगता। सारी रात यूँ ही गुज़र जाती। सुबह सब्ज़ी और फल लेकर महल लौट आता।

बुदला अब पागलों जैसा लगने लगा था- उसका मन ही मन में बड़बड़ाना बादशाह मर्राह को ठीक नहीं लगा........ न जाने क्यों मर्राह बुदला को देख फ़ीका पड़ जाता था। बादशाह मर्राह ने एक दिन बुदला को कहा कि वो उसका राज्य छोड़कर दूर कहीं चला जाये- क्योंकि वो बुदला को समझ नहीं पा रहा था- 'कि बुदला पागल है या ईश्वर का भगत।'

बुदला बादशाह का हुक्म मानते हुए उस राज्य को छोड़ दूर बहुत दूर दूसरे राज्य में जा पहुँचा। जैसे ही रात हुई एक पेड़ के नीचे ही अपना आशियाँ बना डाला और रब की उपासना करने लगा। सच में बुदला रब का भगत ही था। बुदला की आँखों में मर्राह ने पढ़ लिया था- 'कि हो न हो ये साधारण व्यक्ति कहीं एक दिन मेरा विनाश काल न बन जाये।'

ख़ैर बुदला ईश्वर से प्रार्थना करने लगा- ''ऐ मेरे रब कोई ऐसा वीर पैदा कर जो मर्राह की हुकूमत को खत्म कर दे।''

उसी रात उस राज्य से कोई चोर चोरी कर के भाग गया था। उसके पीछे उस राज्य के बादशाह सुल्तान ने अपने सिपाही भेज दिये ताकि चोर को पकड़ लाये। सिपाही चोर को ढूँढते-ढूँढते वहाँ जा पहुँचे जहाँ बुदला अपने रब की

प्रार्थना कर रहा था। सिपाहियों ने उसी को पकड़ कर बादशाह के सामने पेश कर दिया। बादशाह के पूछने पर बुदला ने अपना नाम मुशका बातया और ये भी बताया कि वो एक मुसाफ़िर है- उसका इस दुनिया में रब के सिवा कोई और नहीं।

बादशाह को उसकी बातों का ऐतबार तो हुआ- पर हालात को और साफ़ करने के लिए उसे कारागार में डलवा दिया उस वक़्त तक कि जब तक वो चोर न पकड़ा जाये जो असल में चोर था।

सिपाहियों ने मुशका को कैदखाने में डाल दिया। बादशाह सुल्तान अपने राज्य की कुछ उलझनों में उलझ गये और मुश्का के बारे में भूल गये। इसी तरह क़ैदखाने में पड़े पड़े मुशका को तीन साल बीत गये।

एक दिन बादशाह ने एक ख़्वाब (सपना) देखा कि वो एक रेगिस्तान में है और उसके हाथों-पैरों में ज़न्जीर पड़ी है और वो पानी पानी कर रहा है। तभी कुछ लोग उसके पास आकर उसे कोड़ों से मारते हैं और कहते हैं- "तू मुनसिफ (इन्साफ करने वाला) नहीं, तू मुनसिफ नहीं।" फिर वो लोग चले जाते हैं। वो प्यास के मारे और चिल्लाता है- 'है कोई जो मुझे पानी पिला दे मैं उसे एक प्याला पानी के बदले अपनी आधी बादशाहत दे दूँगा।' तभी एक सूरत नज़र आती है जो रब की उपासना कर रही होती है। बादशाह सुल्तान उसके पास पहुँचता है और पानी पूछता है- "लगता है आप रब के नेक बन्दे हो- आप मुझे पानी पिला दो।" उस सूरत ने उसे पानी पिला दिया। पानी पीते ही उसकी ज़न्जीरें भी खुल गई- और बादशाह जाग गया।

बादशाह बड़ा परेशान हो गया- उसने अपने महल के विद्वानों को बुलवाया और ख़्वाब बयान किया। इस ख़्वाब को सुन सारे विद्वान मौन हो गये। किसी ने इस ख़्वाब का अर्थ बताने की हिम्मत नहीं की।

एक विद्वान ने चाहा भी कि इसका अर्थ बता दूँ कि कहीं न कहीं आपसे कोई न इन्साफ़ी हुई है पर बादशाह सुल्तान खुद रब का नेक बन्दा और भगत था। ये देख किसी के कुछ समझ में नहीं आ रहा था कि बादशाह सुल्तान को क्या जवाब दें। इसी तरह से कई महीने बीत गये।

एक दिन एक सिपाही ने बादशाह की ख़िदमत में अर्ज़ी पेश की। बादशाह ने उसे बुलाया और पूछा- "बोलो क्या अर्ज़ करना चाहते हो?"

सिपाही ने बादशाह सुल्तान से अर्ज़ किया- "बादशाह सलामत आप पर हमारी जान कुर्बान- हमारी गुस्ताख़ी माफ़ हो। मैं आज पाँच साल से क़ैदखाने में तैनात हूँ और तीन साल से एक कैदी को देख रहा हूँ जिसकी हालत पागलों जैसी हो गई है। वो लगता ज़रूर है पागल जैसा, पर पागल नहीं हैं कोई ऐसी रात नहीं जो वो सो कर गुज़ारता हो, वो रात-भर रोता है और रब को पुकार-पुकार कर उससे यही इल्तजा करता है कि- 'ऐ मेरे रब कोई ज़रिया पैदा फ़रमा कोई नेक वीर पैदा कर, जो मर्राह और उसके ज़ुल्म को ख़त्म कर दे।'

ये दुआ हर रात माँगता है। दिन में वो ऊंघता रहता है, हँसता रहता है। पहले नमाज़ पढ़ता है फिर खाना खाता है। क़ैद में वो सबसे अलग लगता है। मुझे लगता है बादशाह सलामत वो बेक़सूर है- उसे आज़ाद कर दीजिए।"

बादशाह मुशका को भूल बैठा था। बादशाह ने उस सिपाही से कहा- "मैंने आज तक किसी को बग़ैर कसूर के सज़ा नहीं दी। तुम क़हते हो तो मैं उस कैदी को आज रात देखना चाहता हूँ।"

बादशाह सुलतान ने ऐसा ही किया। जब रात हुई तो चादर ओढ़ उस कैदखाने में पहुँच गये।

बादशाह ने मुशका को देखते ही पहचान लिया। बादशाह अपने आपको गुनहगार समझ रहे थे। बादशाह ने मुशका की इबादत को देखा और वो अल्फाज़ भी सुने जो वो हर रात दुआ में माँगता था।

बादशाह ने सिपाहियों को हुक्म दिया- "इसी वक्त इस शख़्स को आज़ाद कर दो- एक पल भी इसे अगर यहाँ रखा तो हम सब का ठिकाना जहन्नुम होगा।" बादशाह के हुक्म के मुताबिक़ उसे उसी वक़्त आज़ाद कर दिया और मेहमानखाने में रात गुज़ारने को कहा। बादशाह रात भर परेशान रहे कि आख़िर उस ग़लत फ़ैसले का हरजाना कैसे चुकायें, कैसे लौटायें उसके वो दिन जो बेगुनाह होते हुए भी उसने क़ैद में गुज़ारे हैं।

सुबह हो गई- नमाज़ पढ़ने के बाद रब की उपासना करने के बाद बादशाह ने ये फ़ैसला किया कि उसकी बेटी रहला की शादी मुशका से करा दें और आधी बादशाहत उसके नाम लिख दें।

बादशाह की ख़्वाहिश (इच्छा) को मुशका के सामने रखा गया। मुशका ने बादशाह सुल्तान के बारे में क़ैदखाने में ही सुन रखा था कि बादशाह सुल्तान

रब का नेक बन्दा है इसलिए मुशका ने ख़ुदा पर छोड़ दिया और बादशाह सुल्तान की ख़्वाहिश को हाँ में बदल दिया।

बादशाह सुल्तान ने मुशका से अपनी बेटी रहला की शादी करा दी। रहला खुद भी एक नेक लड़की थी- वो दिल ही दिल में यही दुआ करती थी कि मुझसे शादी करने वाला खुदा का नेक बन्दा हो- और रहला को खुदा का नेक बन्दा ही मिल गया।

अब रहला और उसके वालिदे मोहतरम (पिता श्री) दोनों अपने फ़ैसले से खुश थे। पर मुशका अपने वतन वालों को यानी बादशाह मर्राह और मज़लूम प्रजा को नहीं भूल पाया था। उसका रातों को उठ कर नमाज़ पढ़ना, रब के आगे गिड़गिड़ाना- रोना और दुआ में मर्राह से निजात पाने की आजिज़ी करना- ये जारी रहा।

एक दिन रहला ने अपने वालिदे मोहतरम से इस बात का ज़िक्र किया। बादशाह सुल्तान ने अपनी बेटी से कहा- ''मैं ज़रूर जानना चाहूँगा की आखिर ये मर्राह कौन है। ये बात मुझे क़ैदखाने के एक सिपाही ने भी बताई थी।''

बादशाह सुल्तान ने अपने दामाद मुशका को अपनी ख़्वाब-गाह (कक्ष) में बुलाया और रातों को उठकर मर्राह से निजात पाने की वजह पूछी।

मुशका ने बादशाह सुल्तान से कहा- ''एक तो आप बादशाह हैं दूसरा- मेरे क़िबलाये मोहतरम (ससुर जी) हैं इसलिए आपसे छिपाना अच्छा न होगा।'' ये कहकर मुशका ने बचपन से लेकर उस राज्य से निकाले गये समय तक मर्राह की एक-एक गुनाह की दास्तान बादशाह सुलतान को सुना दी।

बादशाह सुल्तान अपने दामाद की दास्तान सुनकर अपने आपको रोक न सके और दामाद के गले लगकर खूब रोये। ये देख एक कनीज़ (नौकरानी) भागी-भागी गई और रहला को बताया कि बादशाह सलामत अपने दामाद से गले लग कर रो रहे हैं। रहला ये सुनकर हैरान रह गई- बाद में रहला को भी मुश्का ने बता दिया। रहला भी मुशका की दास्तान सुन कर रो पड़ी।

अब मुशका का साथ देने वाला रब ने पैदा कर दिया था- एक रहला, दूसरा बादशाह सुल्तान।

बादशाह सुल्तान ने अपने एक सिपाही को हुक्म दिया कि मुशका को तीर-तलवार चलाना सिखलाये और जंग में कैसे अपना बचाव किया जाता है वो भी। मुशका समझ गया था- रब की मर्ज़ी और बादशाह सुल्तान का इरादा।

इधर मुशका अपने अभ्यास में लगा रहा, उधर बादशाह सुल्तान अपने सिपाहियों को और अपने बादशाह दोस्तों को ख़त (पत्र) द्वारा तैयार करते रहे ताकि वो सब भी बादशाह सुल्तान का साथ दें- बादशाह मर्राह के ख़िलाफ़।

बादशाह सुल्तान ने अपने दोस्तों को कुछ इस तरह के पत्र लिखे थे-

"ब ख़िदमत बादशाह सलामत व हाक़िमे वक़्त- शहर बदरा व अजीज़े सुल्तान।

ख़ुदा आपको सलामत रखे और तमाम आफ़ात से महफूज़ रखे।

और तमाम रिआया आपकी हुकूमत में अमन व सलामती हासिल करे- आमीन!

इस हक़ीर बन्दे को एक ऐसे बादशाह के बारे में मालूम हुआ जो अपनी हुकूमत में अपने रिआया पर सिर्फ़ ज़ुल्म ही नहीं उनकी बीवी-बेटियों से ये गुस्ताख़ ज़ना भी करता है। ये अमल उसकी आदत में शुमार है और ये हर रात का अमल है। ज़ुल्मों का तरीक़ा कुछ इस तरह का होता है जो क़ाबिले बर्दाश्त नहीं। ये ख़बर मुझे एक खुदा परस्त नेक इन्सान से मालूम हुई है जिसने अपनी ज़िन्दगी का बेशतर (ज़्यादा) हिस्सा उसकी गुलामी में गुज़ारा है। आज तक़दीर ने उसे बन्दे को मेरा अजीज़ दामाद बना दिया है।

मुझे अपनी दोस्ती पर और ख़ुदा पर यक़ीन है कि आप मेरा साथ ज़रूर देंगे।

और अगर अपने यक़ीन को और मज़बूत करना चाहते हैं तो शहर चन्देल के लिए कुछ सिपाही जासूस बनाकर भेज दें-

आपका दुआ गो- सुल्तान शहरे अमीन "तालीफ"।

ऐसे पत्र कई बादशाहों को भेजे गए और जिसने भी बादशाह सल्तान का पत्र पढ़ा वो भावुक हो उठा और कुछ तेज़ तर्रार सिपाहियों को जासूस बना कर शहर चन्देल के लिए रवाना कर दिया।

ये सिपाही वहाँ लहसुन बेचने के बहाने गये थे। बादशाहों को मालूम था कि शहर चन्देल की ओर लहसुन की खेती नहीं होती। कुछ काग़ज़ी नींबू लेकर पहुँचे।

(काग़ज़ी नींबू यानी जो शर्बत, सलाद आदि में इस्तेमाल किया जाता है।) ये दो उत्पाद पश्चिम की ओर वालों के लिए नायाब तोहफ़े थे। वो लोग लहसुन को रोग-निवारक और नींबू को पेट के लिए नियामत समझते थे।

ख़ैर इसी तरह हर एक बादशाह ने अपनी-अपनी जानकारी के मुताबिक़ अपने जाँबाज़ सिपाहियों को किसी न किसी बहाने से शहर चन्देल भेज दिया। कुछ वक़्त ही में सिपाहियों ने अपने-अपने बादशाहों को वहाँ की प्रजा पर हो रहे ज़ुल्मों से आगाह करा दिया।

जब बादशाहों को यक़ीन हो गया तो बादशाह सुल्तान के यहाँ सबने मशवरे के लिए एक मुकर्रर वक़्त (तय किया हुआ समय) रखा ताकि तय कर सकें दिन और वक़्त मर्राह पर हमला करने का।

आख़िर वो वक्त भी आ गया जब एक जुट होकर सात बादशाहों के जाँबाज़ सिपाहियों ने मर्राह पर हमला बोल दिया। अचानक बहुत बड़ी फ़ौज शहर चन्देल में आती देख मर्राह के सिपाही भी होशियार हो गये। ये लड़ाई-एक दिन एक रात लगातार चलती रही। दूसरे दिन महल पर सिपाहियों ने कब्ज़ा पा लिया। मर्राह के सारे सिपाही मारे जा चुके थे। बादशाह सुलतान व अन्य बादशाहों के कुछ सिपाही भी अपनी जान गँवा चुके थे। जिस वक़्त गाज़ी नामी एक सिपाही ने अपनी तलवार मर्राह के सीने के पार कर दी उस वक़्त मर्राह के सामने एक सिपाही की पोशाक में बुदला खड़ा था-

बुदला ने वहीं एक सुराही से पानी लेकर उसे आखरी घूँट पानी पिलाया। मर्राह ने आखरी घूँट पानी पीते हुए बुदला से पूछा- "बुदला तूने ये क्या कर दिया!"

तभी दूसरा वार करते हुए गाज़ी ने कहा- "बुदला नहीं ये अल्लाह के गुलाम हैं और बादशाह सुल्तान के अज़ीज़ दामाद।"

ये सुनते ही मर्राह की रूह (आत्मा) उससे जुदा हो गई।

मुशका ने जैसे ही पीछे मुड़कर देखा तो बादशाह सुलतान वहाँ मौजूद थे। मुशका बादशाह सुल्तान को देखते ही उनके हाथों को चूमते हुए बोला- "यही नाम था मेरा इस जगह।"

बादशाह सुलतान ने फिर मुशका को अपने सीने से लगा लिया। बादशाह सुल्तान का कोई बेटा नहीं था सिवाये एक बेटी रहला के। मुशका ने बेटा और दामाद दोनों की कमी पूरी कर दी।

पूरे 40 दिन लग गए इस महल की सफ़ाई व धुलाई में और पाट दिया गया हाविया कुएँ को। अब चारों ओर ख़ुशी का माहौल था। अब सारी प्रजा ज़ुल्म व सितम से आज़ाद हो चुकी थी।

सातों बादशाहों ने मिलकर मुशका को यहाँ का बादशाह बना दिया। इस शहर का नाम शहर चन्देल से शहर मुशका रख दिया।

फिर क्या था सारे मुशका शहर वाले ऐसे खिल उठे जैसे बहार आ गई हो- क्या बादशाह क्या प्रजा सब एक-दूसरे की मोहब्बत में लिप्त हो गये और शहर मुशका की खुशगवार वादियों में गुलाब व ज़ाफरान लहलहाने लगा।

दोस्तों इस किस्से से यह मालूम पड़ता है कि एक मुशका जैसा व्यक्ति भी बादशाह बन राज्य चला सकता है और कई राज्यों के राजाओं से दोस्ती प्राप्त कर सकता है। हाँ उसके लिए ईश्वर को दोस्त बनाना ज़रूरी है और साथ ही हालात को भी।

दोस्तों ईश्वर से दोस्ती करना उतना ही मुश्किल है जितना की पत्थरीले राह का सफ़र। एक इन्सानी दास्ती के लिए हमें हर उस कड़वे घूँट को पीना पड़ता है जो किसी ज़हर से कम नहीं- तो आप अन्दाज़ा लगायें कि जिसने इन्सान को बनाया, उससे दोस्ती कैसे निभायेंगे?

हाँ, अगर हम मुशका जैसा सब्र और यक़ीन (विश्वास) और हिम्मत अपने अन्दर पैदा कर लें तो फिर कोई ताक़त नहीं रोक सकती ईश्वर की दोस्ती से और न दुनिया ही की दोस्ती प्राप्त करने से।

''ईश्वर से दोस्ती किये बग़ैर इन्सान इस संसार की किसी भी शय, किसी भी वस्तु से दोस्ती प्राप्त नहीं कर सकता।''

•

आदेश या उपदेश

दोस्तों इस 21वीं सदी में अगर हम जाहिल जैसा शब्द इस्तेमाल करेंगे तो ज़रा भद्दा लगेगा वो इसलिए कि आज शिक्षा और ज्ञान का दीप घर-घर रोशन है। आज शिक्षा-विभाग ने शहर और गाँव को एक समान कर दिया है। आज के इस दौर में जो नई पीढ़ियाँ फल-फूल रही हैं उनमें से कोई ही एक-आध बदनसीब होगा जिसे नाम लिखना नहीं आता हो।

मगर एक नज़र आज से 20 वर्ष पूर्व पर डालें तो पता चलेगा कि अधिकांश लोग हस्ताक्षर (साइन) की जगह अंगूठा लगाते थे। इस 20 वर्ष में हिन्दुस्तान ही नहीं, पूरे मुल्क ने शिक्षा की ओर जागरूकता दिखाई है और आज हर एक बाग़ इल्म (शिक्षा) की खुशबु से भरा है।

तो फिर आज आदेश और उपदेश को एक ही शब्द कहना या एक ही अर्थ कह कर आगे बढ़ जाना कैसा लगेगा?

'आदेश' का असल मतलब है हुक्म, आज्ञा। जहाँ आदेश शब्द को प्रयोग किया जाता है वहाँ व्यक्ति खुद को शक्तिहीन महसूस करता है जैसे:- पिता का आदेश हुआ या गुरू का या मालिक-बॉस का सरकार का या फिर किसी जज का। जब किसी व्यक्ति को किसी कार्य के लिए आदेश दिया जाता है तो उसे निभाना अति आवश्यक हो जाता है। उसमें इन्कार की कोई गुन्जाइश नहीं होती।

इसी तरह उपदेश शब्द है यूँ तो अगर दृष्टिकोण से देखा जाये तो आदेश से भी कहीं अधिक महत्व उपदेश का है- पर 'उपदेश' शब्द ने व्यक्ति को स्वतन्त्र रखा है, उन्हें आदेश की तरह बाँधा नहीं।

जब कोई महात्मा या ज्ञानी या गुरु अपने चहीतों को अपने प्यारों को अपने शिष्यों को कोई उपदेश देता है- 'उपदेश' अर्थात् ज्ञान की बातें बताना, हित की बात बतलाना, अच्छी और बुरी बातों का फ़र्क़ बतलाना, अच्छी सीख

देना; तब उपदेश देने वाला 100 प्रतिशत यही चाहता है कि मुझे सुनने वाला मेरे उपदेश को समझे और उस माने। पर उपदेश शब्द स्वतन्त्र है- यही वजह है कि कोई इसे मान लेता है कोई नहीं मानता।

मेरे कहने का असल मक़सद है- लेखक आदेश नहीं देते, वो उपदेश देते हैं अपने अनुभव से, अपने ज्ञान से। लेखक को नज़र के ही क़रीब नहीं बल्कि दिल के क़रीब भी रखना चाहिए क्योंकि लेखक का बसेरा दिल होता है और रास्ता आँखें।

ख़ुदा हाफ़िज़!

फिर मिलेंगे एक नई किताब के साथ और बातें करेंगे भावनाओं की। इस किताब के बाद आप से बातें कर रही होंगी मेरी दूसरी किताब- ''टीम भावना।''

•

हमारी पहचान

न हिन्दू हैं न मुस्लिम, न सिख न इसाई हैं हम
यारों खुद को पहचानो, बिछड़े हुए भाई हैं हम

आँखें तो पहचानती हैं, पर दिल को यकीं नहीं
मिलते हैं रोज़ आपस में, फिर भी हैं अजनबी

कब तक रहेगा दौर, होली ये ख़ून का
देते हैं क्यो बलि हम, अपने ही ख़ून का

करना नहीं है उसकी इबादत, जो हमको करे जुदा
देखें तो ज़ोर उसका भी, आओ मिल जायें हम ज़रा

इन्सां हैं हम, इन्सानियत ही मज़हब है हमारा
इक रब है हमारा, इक हिन्द है हमारा

देखें न कोई फैज़ इस मुल्क को, मशकूक नज़र से
है प्यार यहाँ ज़िन्दा, यहाँ रहते हैं फ़रिश्ते।

We are Proud of Being an Indian.

- ए. एस. फैज़